인지기능 향상 워크북   A Workbook for Improving
Perceptual Development

지각발달 영역

느린 학습자, 학습 및 주의력 문제를 가진 아동,
인지적 불균형이 심한 아동을 위한 지각발달 영역 기능 향상 프로그램

| 노경란 · 박현정 · 안지현 · 전영미 공저 |

3

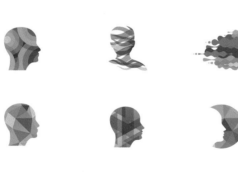

학지사

머리말

임상현장에서 현재 가장 널리 사용되는 심리검사 중 하나가 웩슬러 지능검사다. 따라서 많은 시간과 에너지 그리고 비용을 들여 웩슬러 지능검사를 실시하고 있지만, 지능검사 결과를 활용하는 측면에서는 비용 대비 그 활용도가 매우 제한적이다. 웩슬러 지능검사는 임상장면에서 주로 정신장애를 진단하거나, 전체점수를 토대로 장애등급을 판정하는 데 도움을 주는 등 검사·분류·배치의 관리모델로 활용되어 왔다. 그러나 지능검사를 통해 얻은 지능수준 및 인지적 장단점과 같은 소중한 정보들 이 임상 및 교육 현장에서 효과적으로 활용되지 못하고 사장되는 경우가 흔하다. 최근 개정된『정신질환의 진단 및 통계 편람-제5판(Diagnostic and Statistical Manual of Mental Disorders-5th ed.: DSM-5)』서문에 따르면, 진단이란 사례공식화하는 평가의 한 부분으로서 충분한 정보를 토대로 각 개인을 위한 치료계획을 세울 수 있게 하는 것이다. 웩슬러 지능검사에서 얻은 정보는 평가에 그치지 않고 각 개인을 이해하며, 더 나아가 이를 바탕으로 개별화된 치료나 교육적 개입 전략을 선택하고 교수적 지원(instructional supports)을 하는 데 사용될 수 있다(Nicolson, Alcorn, & Erford, 2006). 향후 웩슬러 지능검사는 기존의 검사·분류·배치의 관리모델로부터 평가·이해·개입의 기능적인 임상모델(Weiss, Saklofske, Prifitera, & Holdnack, 2006)로까지 다양하게 활용되어야 할 것이다.

지능검사가 개별 아동의 인지적 특성을 이해하는 것뿐만 아니라 개입을 하기 위한 실질적인 도구로 활용되기 위해서는 체계적인 지침서와 더불어 여러 가지 다양한 자료나 도구가 요구된다. 그러나 현재 우리나라에는 그러한 교재나 자료가 거의 부재한 실정이다.

특히 최근 들어 교육현장에서는 학습부진아동에 대한 관심이 증가할 뿐만 아니라, 이들에 대한「초·중등교육법」도 개정되었다.「초·중등교육법」제28조에서는 '느린 학습자'에게 교육 실시와 더불어 그들에게 필요한 교재와 프로그램을 개발·보급하고, 교원은 관련 연수를 이수해야 한다고 되어 있다. '느린 학습자'란 '경계선 지능'(지능 70~85)에 해당되는 학생들로서 그간 특수교육대상은 아니지만, 학습이 뒤처지고 학교생활에 적응이 어려우며, 겉으로 드러나지 않아

사각지대에 방치되어 있던 학생을 일컫는데, 현재 전국적으로 약 80만 명에 달하는 것으로 추정되고 있다(EBS 저녁뉴스, 2016년 1월 1일자). 이러한 느린 학습자 혹은 경계선 지능에 속하는 학생들은 매우 이질적인 집단으로서 다양한 요인이 영향을 미칠 수 있다. 예를 들면, 학습장애나 주의력결핍 과잉행동장애와 같이 신경학적 결함과 관련된 요인, 혹은 환경적이거나 정서적 요인들이 복합적으로 작용할 수 있다. 또한 동일하게 경계선 지능에 속하는 학생이라도 인지적인 강점과 약점 영역이 각각 다를 수 있다. 그러므로 어느 영역에서 취약한지에 대한 평가를 통해 체계적으로 개입할 수 있는 교재가 절실히 요구되는 시점이다.

이 시리즈는 총 5권으로 구성되어 있으며, 1권『인지기능 향상 가이드북: 웩슬러 지능검사의 치료 및 교육적 활용』은 웩슬러 지능검사 결과를 토대로 치료 및 교육적 개입을 하기 위한 구체적인 전략과 지침을 제공한다. 2권에서 5권까지는 인지기능 향상 워크북으로서, 영역별로 취약한 부분의 인지기능을 향상시킬 수 있도록 구성되어 있다. 좀 더 자세하게 이 시리즈의 특징을 살펴보면 다음과 같다.

먼저 1권은 웩슬러 지능검사 결과를 토대로 하여 인지기능을 향상시키기 위한 전략적인 활용 가이드북이다. 아동의 인지 특성에 대한 심층적 이해를 기반으로 개입할 수 있게 하기 위해서 전체 IQ 수준부터 소검사 수준에 이르기까지 다차원적이고도 심층적으로 해석하는 방법을 제시하였다. 그리고 이를 토대로 지표별, 군집별, 소검사별로 체계적인 개입 전략을 제시하였으며, 더 나아가 영역별로 실제 사례를 들어 치료 회기 동안 어떤 활동을 어떻게 이끌어 갈 수 있는지에 대해서 구체적으로 설명하였다.

최근에는 교차배터리 평가(cross-battery assessment) 방법, 즉 단일배터리 평가보다 여러 검사 배터리로부터 나온 정보를 활용하여 개인의 인지능력을 정확하게 분석하고, 더 나아가 특정 영역을 선택하여 그 영역에 속한 여러 가지 요소를 다양하고 깊이 있게 측정하는 추세다. 이 시리즈는 적용대상을 주로 학령기 아동에 맞추었기 때문에, 지능검사 결과를 활용할 때 인지적 측면과 함께 학습 영역을 고려하는 것이 중요하다. 따라서 웩슬러 지능검사를 주로 사용하되, 그 외에 교차 평가도구로서 기초학습기능검사, 읽기성취 및 읽기 인지처리능력검사, 시지각 발달검사, 전산화된 주의력 검사(Computerized Attention Test), 기억검사 등도 함께 활용할 수 있다.

그다음으로 2권에서 5권까지는 인지기능을 향상시키기 위한 영역별 워크북이다. 이 인지기능 향상 워크북은 치료나 교육장면에서 놀이하고 게임하듯이 흥미를 유발할 수 있도록 구성되어 있다. 현재 우리나라 교육은 조기교육, 선행학습, 입시 위주의 경쟁적인 교육이 우선시되고 있다. 이러한 현실은 개인적인 특성을 고려하면서 균형 잡힌 인지발달을 지향하려는 교육 방향과

상당한 괴리감을 느끼게 한다. 특히 안타까운 것은 평생교육이 중시되는 요즘 시대에 아동·청소년이 이른 나이부터 조기학습으로 인해 학습의 즐거움과 흥미를 잃어버리는 경우가 너무 많다는 점이다. 이 워크북은 학습(공부가 아닌 배우는 것 그 자체)에 대한 동기를 쉽게 유발할 수 있도록 다양한 활동과 함께 실제 생활에 가까운 내용으로 구성되어 있다. 따라서 인지발달이 학습장면에서뿐만 아니라, 사회적 상황과 실생활에서도 촉진될 수 있도록 하였으며, 더 나아가 학교교육과정과의 연계성도 함께 고려하여 제작되었다.

이 시리즈는 교육현장에서 특별한 필요를 가진 아동들, 예를 들면 학습장애나 주의력결핍과잉행동장애 등의 문제를 가진 아동에게 그들의 잠재력을 사용하는 데 걸림돌이 되는 요소들을 찾아 교정하는 데 도움을 줄 뿐만 아니라, 학업 및 인지적 능력을 전반적으로 증진시키는 데 유용하다. 또한 발달과정에 있는 일반 아동·청소년에게도 개별화된 인지기능 향상 프로그램을 통해 그들의 취약하거나 결핍된 인지능력 영역에 대해 개입할 수 있는 방안과 실제 활용 가능한 자료를 제공한다. 이 책은 주 대상이 아동·청소년이지만, 성인의 경우에도 인지기능 향상이나 인지재활을 목적으로 다양한 임상집단에서 활용이 가능할 것으로 기대된다.

최근 뇌 발달에 관한 연구가 급속도로 발전하면서 '뇌 가소성(neuroplasticity)', 즉 뇌는 스스로 변화하며 환경에 적응하는 지속적인 능력을 갖는다는 증거가 밝혀지고 있다(Doidge, 2007). 특히 전두엽은 청소년기를 지나 20대 이후에도 지속적으로 발달한다고 알려져 있다. 이와 유사하게, 어떤 인지적 결함들은 집중적인 훈련을 통해서 개선될 수 있다. 이러한 훈련은 특정 인지기술을 수행하는 데 필요한 뇌세포들 간에 연결을 증가시키며, 때로는 처음에 기대했던 것 이상으로 아동의 능력을 증진시키기도 한다(Manassis, 2014). 앞으로 이와 관련된 연구가 더욱 활발하게 진행될 것으로 보인다. 혹자는 개입을 통해 지능검사 점수가 과연 상승할 것인지, 지능검사 점수가 상승하더라도 지능(혹은 인지능력)이 정말 좋아진 것인지 의문을 제기할 수도 있다. 그러나 이 시리즈는 단순히 지능검사 점수를 높이는 것이 아니라, 개인의 인지적 특성을 파악하고 그의 인지능력을 효율적으로 발휘하는 데 걸림돌이 되는 취약한 영역을 찾아 보완하는 것에 도움을 주고자 한다.

이 시리즈가 웩슬러 지능검사를 활용하여 체계적으로 인지적 개입을 할 수 있는 좋은 안내서이자 도구로서 임상 및 교육 현장에서 널리 사용될 수 있기를 기대하는 바다. 그간 이 책이 출간될 수 있도록 전폭적으로 지원해 주신 학지사 김진환 사장님, 아울러 K-WISC-IV를 개발하시고 한국판 지표점수 및 군집 변환점수의 사용을 허락해 주신 오상우 교수님께 깊은 감사의 마음을 전한다.

지각발달 영역 워크북

㉮ 지각발달 영역 워크북은 어떻게 구성되어 있나요?

1) 대상

지각발달 영역에서 유의미한 저하를 보이는 유아, 아동 및 청소년에게 적용할 수 있습니다. 생활연령이나 학년에 상관없이 아동의 인지수준에 맞춰 특별한 제약 없이 활용 가능합니다.

2) 구성

- 본 워크북은 크게 필수과제와 세부 영역별 활동지 두 파트로 구성되어 있습니다.
- 필수과제는 가장 기본적이며 공통적으로 사용할 수 있고, 특별히 어느 특정 영역에 치우치지 않고 통합적인 활동이 가능한 과제로 구성되어 있습니다.
- 세부 영역별 활동지는, 각각의 영역에서 고유하게 측정하고자 하는 인지기능 및 내용으로 한정하여 구성하였습니다. 따라서 필수과제를 활용하면서 특별히 수행부진을 보이는 세부 영역을 집중적으로 추가하여 시행할 수 있습니다.

3) 시행상 유의점

- 모든 활동지는 난이도에 따라 상(★★★), 중(★★★), 하(★★★)로 나뉘어져 있으므로 개별 아동의 수준에 맞추어 사용할 수 있습니다.
- 비슷한 유형의 활동지를 난이도를 높여 가며 시행할 수도 있지만, 쉽게 지루함을 느끼는 아동의 경우에는 다양한 유형의 활동지를 섞어서 사용할 수도 있습니다. 단, 한 번 시행 시 최소한 10~15분 이상을 할애하도록 합니다. 특히 부모의 협조를 구하여 숙제 형태로 제시하여 자주 반복, 연습할 수 있도록 지도합니다.
- 워크북의 활용도를 높이고 치료실에서 쉽게 참조할 수 있도록 세부 영역별 구체적인 개입전

략을 각 활동지 앞에 제시하였습니다(이 내용은 1권에 구체적으로 소개되어 있으므로 더 자세한 것을 알려면 1권을 참고하기 바랍니다).

❹ 이렇게 지도해 주세요!!!

첫째, 무엇보다 가장 중요한 부분은 본 워크북이 활동중심, 흥미중심, 게임중심으로 구성되어 있다는 점입니다. 활동지가 자칫 아동에게 공부처럼 비춰지면서 심리적 거부감이 들거나 부담스럽게 느끼지 않도록 최대한 재미있게 구성하고자 하였기 때문에 실제 임상장면에서는 워크북과 함께 관련이 있는 다른 여러 가지 활동을 병행하는 것이 좋습니다.

둘째, 활동지를 활용할 때, 우선 각각의 활동지에 나와 있는 여러 가지 지시나 문제를 아동이 먼저 읽어 보고 내용을 파악하도록 합니다. 그 지시문이나 문제가 무엇을 요구하는지 아동이 자신의 말로 표현하도록 하고, 만약 내용을 이해하지 못한다면 치료사(교사)와 같이 문제를 읽으면서 이해하도록 지도합니다. 인지적 개입 시 교사 주도적인 활동이 대부분을 이룬다고 하지만 치료사(교사)가 너무 앞서 많은 것을 해 주려고 하기보다는 조금씩이라도 아동이 혼자 힘으로 문제를 해결할 수 있도록 점진적으로 기회를 제공하는 것이 좋습니다.

셋째, 지시문이나 문제를 정확하게 이해한 후 아동이 먼저 문제를 풀어 보도록 하고, 이때 치료사(교사)는 아동이 문제를 해결하는 과정과 방법을 면밀히 관찰합니다. 단, 아동이 너무 어려워하면 조금씩 단서나 도움을 제공합니다.

넷째, 어떻게 문제를 풀었는지 해결 과정을 아동으로 하여금 자기 말로 설명하게 합니다. 정답이든 오답이든 해결 과정을 꼭 점검하고 오류분석을 실시합니다. 치료사(교사)의 관찰 내용과 아동의 반응을 종합하여 오류를 보이게 된 이유를 분석하고, 그 결과를 아동과 공유합니다. 이를 통해서 아동 스스로도 자신이 어떤 오류를 범하고 있는지 인식할 수 있게 되고, 앞으로 똑같은 실수나 오류를 반복하지 않도록 지도합니다.

다섯째, 아동이 실수나 어려워서 놓친 부분, 꼭 기억해야 할 내용은 치료사(교사)가 직접 한 번 더 정리 및 요약을 해 줍니다.

여섯째, 다소 수동적이고 동기가 부족한 아동에게는 보상체계를 적용할 수 있습니다. 이때 얼마나 정답을 많이 맞혔나 하는 수행결과보다는 아동이 문제를 해결하기 위해 고민한 시간과 과정(예를 들어, 얼마나 집중하였는지, 중간에 포기하지 않고 끝까지 하려고 얼마나 노력하였는지 등)을 칭찬해 줍니다. 직접적인 보상체계는 물론 자기점검, 자기평가와 같은 쉬운 수준의 자기교수법도 활용할 수 있습니다.

▶ 잠깐, 이럴 땐 어떻게 할까요?

Q. 반드시 여기에 나와 있는 순서대로 시행해야 할까요?

A. 아닙니다. 아동의 상황에 따라 영역별, 난이도별, 활동지별로 유연하게 사용하셔도 됩니다. 아동이 잘하지 못하는 영역이나 힘들어하는 활동 위주로 진행하다 보면 자칫 학습동기를 잃을 수 있으므로 처음에는 다소 쉽고, 흥미를 느끼는 활동지에서 시작할 것을 권장합니다.

Q. 아동이 특정 영역의 활동지만 하고 싶어 할 때는 어떻게 해야 할까요?

A. 아동이 원하는 영역과 치료사(교사)가 필요하다고 판단한 학습지를 골고루 할 수 있도록 어떤 활동지를 어떤 순서로 해야 할지 아동과 함께 논의하면서 진행하시면 됩니다.

Q. 아동이 너무 어려워서 하지 않으려고 할 때는 어떻게 해야 할까요?

A. 저자들이 난이도를 조정하려고 많이 노력하였음에도 중간 정도의 필요한 난이도가 없을 수 있습니다. 그럴 경우 치료사(교사)가 도움의 양을 충분히 주어 시행하고, 그다음 도움의 양을 줄이면서 아동이 스스로 해결할 수 있도록 점진적으로 접근해 보는 것도 좋겠습니다.

Q. 필요한 영역 외에 다른 영역의 활동지도 해야 하나요?

A. 본 워크북은 꼭 인지적 약점을 개선하기 위함만은 아닙니다. 아동이 잘하는, 흥미를 느끼는 활동도 얼마든지 활용 가능합니다. 필요한 부분 외에도 골고루 활용하시는 것이 균형 잡힌 인지발달에 도움을 줄 수 있을 것으로 생각합니다.

🄳 목 차

구 분		활동 내용
1. 필수과제	가. 모양 및 색깔 지각하기	어떤 모양일까요? / 길을 찾아 주세요 / 같은 글자를 찾아 주세요 / 같은 모양을 찾아 주세요 / 같은 색깔을 찾아 주세요
	나. 분류하기	같은 종류끼리 모아 보세요
	다. 위치 파악하기	똑같이 똑같이! / 길을 찾아 주세요
	라. 좌표 이해하기	어디에 있을까요? / 숨겨진 단어를 찾아 주세요
	마. 규칙 파악하기	규칙을 찾아요
	바. 도형의 회전 및 대칭	뒤집거나 돌리거나 / 반쪽을 찾아 주세요 / 무엇이 될까요?
	사. 측정하기	얼마나 될까요?
2. 그림 맞추기	가. 부분과 전체의 관계	완성해 주세요 / 무엇일까요? / 필요한 것은 무엇일까요? / 조각을 찾아 주세요 / 각도를 알아보아요
	나. 배열하기	순서대로 완성해 주세요
	다. 세부 특징 파악하기	꼼꼼히 살펴보아요
	라. 도형의 회전 및 조망	똑같은 그림을 찾아 주세요 / 어디에서 보았을까요? / 펼쳐 보아요 / 돌려 보아요
3. 그림 수수께기	가. 유사점 및 차이점 찾기	같은 것을 찾아 주세요 / 관계있는 것을 찾아 주세요
	나. 유목화하기	같은 종류를 찾아 주세요 / 어디에 속할까요?
	다. 추론하기	왜 그럴까요?
4. 가로세로 퍼즐	가. 좌표 찾기	위치를 찾아 주세요 / 가로와 세로를 합치면?
	나. 좌표를 통한 추론하기	무엇이 들어가야 할까요?
5. 순서 맞추기	가. 세부 특징에 주의 기울이기	빠진 부분을 찾아 주세요 / 어색한 부분을 찾아 주세요 / 달라진 부분을 찾아 주세요
	나. 불완전한 부분 완성하기	부족한 부분을 찾아 완성하세요
	다. 순서에 맞게 배열하기	어떤 상황일까요?

라 영역별 원인 및 개입전략

지각발달 영역에서 어려움을 보이는 아동의 특성 ①

고려해야 할 점

- 시각 변별의 어려움
- 유동성 추론능력의 부족
- 시각주의력과 작업기억력 부족
- 시지각자극을 전체 대 부분적인 관계로 인식하는 것의 어려움
- 느린 처리속도
- 운동기술과 실행기능 부족

아동의 특성

- 시각적 심상 형성, 좌우의 구분 및 기억의 어려움
- 단순한 시각적 패턴의 조직화가 어렵고, 사물의 공간조망 수용능력이 부족함
- 머릿속으로 사물이나 시각적 패턴을 변경하거나 회전시키는 것을 어려워함
- 희미하거나 불완전한 시각 정보를 연결하고 의미 있는 전체로 조합하는 것을 어려워함
- 길을 찾거나 거리를 어림잡아 추측하는 것을 어려워함
- 물건을 배열하는 것, 칠판이나 교재에 적힌 것을 베끼는 것을 어려워함

지각발달 영역에서 어려움을 보이는 아동의 특성 ②

고려해야 할 점

- 시각 변별의 어려움
- 유동성 추론능력의 부족
- 시각주의력과 작업기억력 부족
- 시지각자극을 전체 대 부분적인 관계로 인식하는 것의 어려움
- 느린 처리속도
- 운동기술과 실행기능 부족

아동의 특성

- 비언어적 개념 이해 및 형성능력이 부족함
- 패턴 간 관계를 지각하고, 제시된 정보를 통한 추론에서의 어려움
- 주제나 행동의 함의 이해, 복잡한 문제해결과 개념형성을 어려워함
- '그리고 …', '혹은…'과 같은 논리의 이해와 사용을 어려워함
- 여러 가지 다른 결론을 통해 논리적 패턴을 추론하거나 따르는 것을 힘들어함
- 수학을 이해하고 계산하는 데 필요한 양적 추론을 어려워함
- 개념 이해, 새로운 문제 해결을 위해 언어 사용에 지나치게 의존하며, 새로운 상황으로 정보를 전이하고 일반화하는 데 어려움을 보임

지각발달 영역에서 어려움을 보일 때, 이렇게 도와주세요. ①

시각적 제시물의 수를 줄이고, 시각적 자극에 기반을 둔 개념과 과제들, 공간적 조직화를 필요로 하는 과제들을 가급적 언어로 지시하고 설명해 주세요.

아동이 시각 및 공간적 작업을 하면서 스스로에게 말하는 '언어적 중재'를 사용할 수 있도록 격려해 주세요.

베껴 쓸 때는 속도를 요구하지 말고, 세부적인 것을 말하게 함으로써 언어적으로 생각하도록 가르치는 것이 좋아요.

수학학습 시에는 그래프 종이나 줄이 그어진 종이를 사용하며, 지도, 그래프, 표를 읽고 해석할 때에는 언어적 지시를 통해 가르쳐 주세요.

활동 및 과제를 할 때 주변에 시각적으로 혼란스러운 것이나 아동을 산만하게 하는 요소들은 없애는 것이 좋아요.

지각발달 영역에서 어려움을 보일 때, 이렇게 도와주세요. ②

과제를 언어적으로 지시하고, 혼잣말 사용하기, 순서를
언어적으로 기억하는 전략 등을 가르치는 것이 도움이 됩니다.

개념을 반복하고 검토하며, 언어적 설명과 함께 실제 대상과
조작 가능한 자료들을 사용해 주세요.

아동이 질문에 단답형으로 반응하기보다는 주어, 서술어,
수식어를 합해서 전체 문장을 사용하도록 격려해 주세요.

직접적인 방식으로 개념과 절차를 언어로 제시하며, 복잡한 지시사항이나 비유적인 말은
피해 주시고, 문제 해결 전략이 가장 잘 적용될 수 있는 맥락에서 가르쳐 주세요.

가능하면 과제의 난이도를 구조화하고 맞추며,
숙제는 순차적, 단계별로 설명해 주는 것이 좋아요.

〈지도방법〉

- 쉬운 것에서 어려운 것으로, 단순한 것에서 복잡한 것으로 점진적으로 발전시키되, 작은 것이라도 성공경험을 많이 할 수 있도록 지도합니다.
- 시력도 반드시 점검합니다.
- 연령과 발달수준에 적합한 그림, 모양, 글자, 단어 문장을 활용하되, 같은 형태를 지각하는 활동에 초점을 맞춥니다.
- 크기, 형태, 색을 분류합니다.
- 같은 그림, 모양, 단어, 숫자이지만 글씨체/색깔/크기가 다른 것끼리 찾아 짝짓기를 합니다.
- 치료사(교사)가 제시하는 자극의 위치를 지각합니다.
- 대근육, 소근육 운동 및 보다 섬세한 시각−운동 협응을 요구하는 활동을 합니다 (단, 대근육 발달에서 미세근육 발달 활동으로 발전시킵니다).
- 왼쪽에서 오른쪽으로, 위에서 아래로 또는 사선, 곡선 등 다양한 선 긋기를 합니다.
- 색칠활동을 하되 기하학적 형태나 실제 모양 모두 가능합니다. 처음에는 굵은 선으로 시작하여 점차 얇은 선으로 변화를 줍니다.
- 특정 형태 자르기 또는 색칠하고 자르기를 통합한 활동을 시행합니다.
- 행동 따라 하기, 발자국 따라가기, 한 줄 따라 걷기, 기찻길 걷기, 징검다리 걷기 등을 시행합니다.
- 구슬 꿰기, 실 꿰기, 옷 입히기 등을 시행합니다.
- 자유화 또는 구조화된 미술 공예 활동이 모두 유용합니다. 예를 들어, 손가락으로 페인트 칠하기, 도자기 만들기, 찰흙놀이, 페그보드와 모형조립 등을 활용할 수 있습니다.
- 견본이 있는 퍼즐을 맞추거나 특정 디자인을 보고 똑같이 따라 그립니다.
- 다양한 도구(종이, 모래, 칠판 등) 위에 여러 가지 필기구(연필, 색연필, 보드마커 등)를 활용하여 쓰기, 순서대로 점 이어 모양 완성하기, 숫자 · 글자 · 단어 따라 쓰기 등의 활동을

할 수 있습니다. 특히 배경과 대비되는 철자나 그림은 형태의 시각화를 촉진합니다.

- 단어, 문장, 이야기를 손 또는 타자로 베껴 쓰고 읽습니다.
- 모양자나 여러 가지 모형틀 또는 글자 판을 대고 그립니다.
- 숫자, 글자, 기호, 사물 카드를 책상에 펼친 후 일정한 규칙(예: 같은 모양 찾기)에 따라 줍고 말하고 씁니다.
- 실제 그림, 기하학적 형태, 글자 등이 포함된 숨은그림찾기를 하고, 찾은 자극의 윤곽을 굵은 펜으로 따라 그립니다.
- 치료사(교사)가 손가락, 막대기, 포인터 등을 사용하여 왼쪽에서 오른쪽, 위에서 아래로 특정 자극을 지적하면 아동은 시선을 이동시켜 그 자극을 찾아 말합니다.
- 위, 아래, 오른쪽, 왼쪽, 대각선, 중간, 사이 등 시공간과 관련된 언어적 표현을 실제 개념과 연결시킵니다(예: 운동화의 좌우 구별, 오른손과 왼손 구별 등).
- 퍼즐, 칠교 등의 교구를 활용합니다.
- 아동을 심리적으로 압도할 수 있는 시각적인 제시물(그림, 다이어그램, 차트 등)의 수를 줄이고 분명하게 언어로 지시합니다.
- 새로운 기술과 개념, 그래프, 시각적 자료와 관련한 개념과 과제들은 모두 말로 설명합니다.
- 공간적인 조직화를 요하는 과제에 대해서 분명하게 언어로 지시하여 도움을 줍니다.
- 아동이 시각이나 공간적인 작업을 하면서 자기 스스로에게 말하는(self-talk) 언어적 중재를 사용하도록 격려합니다.
- 베껴 쓰기를 시킬 때는 속도에 관여하지 않습니다. 아동이 정확성을 위해 교정을 볼 수 있도록 여유 시간을 허락합니다.
- 수학문제 수는 적어야 하고, 여백이 많은 연습지를 제공합니다. 아동이 칠판이나 교과서에 있는 문제를 베껴서 풀도록 하지 않습니다.
- 베낄 때 각 단어나 숫자, 세부적인 것을 아동으로 하여금 말하게 함으로써 언어적으로 생각하게 가르칩니다.
- 수학문제를 풀 때, 그래프 종이나 줄이 그어진 종이를 사용하여 자릿값과 숫자 배열하는 방법을 알게 합니다.
- 지도, 그래프, 표 등을 읽고 해석할 때 직접적인 지시를 합니다.

- 환경적인 전략으로는 과제에 불필요하며, 시각적으로 혼란스러운 것을 제거해서 산만하게 하는 외부 요소들이 없는 작업 공간을 유지합니다. 즉, 과제를 시작하기 전에 책상을 깨끗하게 치웠는지 확인합니다. 현재 작업에 필요한 자료를 준비하기 전에 작업공간에서 시각적으로 혼란스러운 모든 것을 제거합니다.
- 확실하게 이해시키기 위해 매우 직접적인 방식으로 개념과 절차를 언어로 제시합니다.
- 언어적인 지시로 기억할 수 있는 사건 순서에 주의를 잘 기울이면서 문제를 해결하도록 가르칩니다.
- 과잉학습을 확실히 하기 위해서 개념을 반복하고 검토합니다. 아동이 기억하는 내용을 이해하고 있는지 점검합니다.
- 연산을 언어적으로 한 단계씩(step by step) 차근차근 순서를 지키도록 가르칩니다.
- 개념을 가르치기 위해서 언어적으로 설명하는 것과 함께 실제 대상, 교구 등을 조작할 수 있는 자료들을 사용합니다.
- 개념을 이해하고 보유하기 위해서 혼잣말을 사용하여 아동이 스스로를 언어적으로 가이드하게 하고, 따라야 할 절차나 단계들을 나열할 수 있도록 가르칩니다.
- 문제해결 전략을 가장 잘 적용될 수 있는 상황, 맥락에서 가르칩니다.
- 문제를 순차적인 단계로 조직화할 수 있도록 언어적 전략을 사용하도록 가르칩니다.
- 숙제를 순차적, 단계별로 설명합니다.
- 개념을 설명하거나 지시사항을 줄 때, 복잡하거나 긴 지시사항, 비유적인 말을 피합니다.

가. 모양 및 색깔 지각하기

🌱 1) 어떤 모양일까요? ★ ★ ★

👁 왼쪽의 그림은 〈보기〉의 두 그림을 겹쳐 놓은 결과물의 그림자입니다.
어떤 두 그림을 겹친 것일지 〈보기〉에서 골라 보세요.

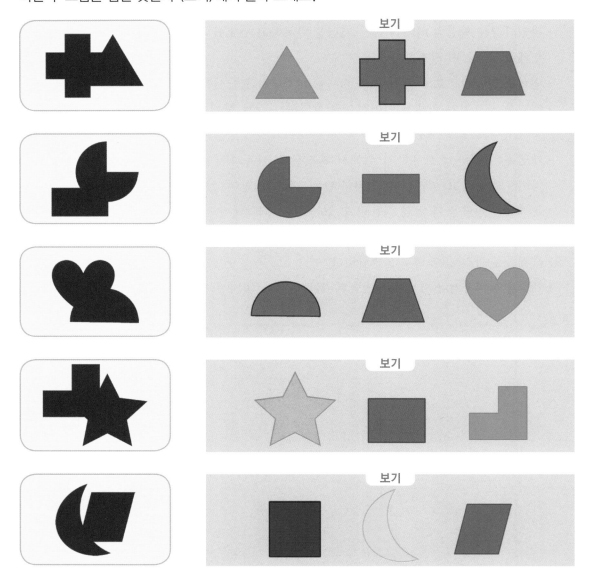

2) 어떤 모양일까요?　★ ★ ★

◉ 다음의 겹쳐진 숫자를 적어 보세요.

◉ 다음의 겹쳐진 철자들을 이용해서 만들 수 있는 단어는 무엇일지 각각 적어 보세요.

 가. 모양 및 색깔 지각하기　019

🌱 3) 어떤 모양일까요? ★ ★ ★

👁 여러 가지 과일들과 채소들이 겹쳐 있습니다.
무엇이 겹쳐 있는지 찾아보고 서로 다른 색깔의 색연필로 윤곽선을 그려 보세요.

정답

4) 어떤 모양일까요? ★ ★ ★

◉ 여러 가지 물건들이 겹쳐 있습니다.
무엇이 겹쳐 있는지 찾아보고 서로 다른 색깔의 색연필로 윤곽선을 그려 보세요.

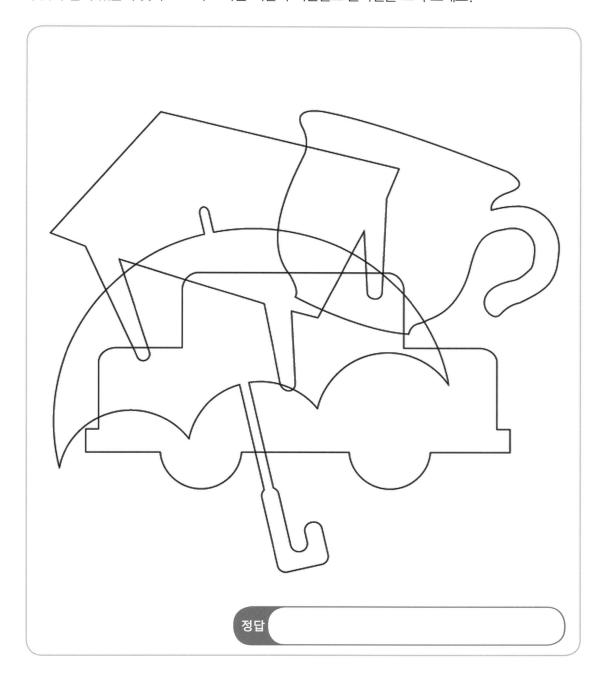

정답

5) 어떤 모양일까요? ★ ★ ★

👁 왼쪽의 그림은 〈보기〉의 두 그림을 겹쳐 놓은 결과물의 그림자입니다.
어떤 두 그림을 겹친 것일지 〈보기〉에서 골라 보세요.

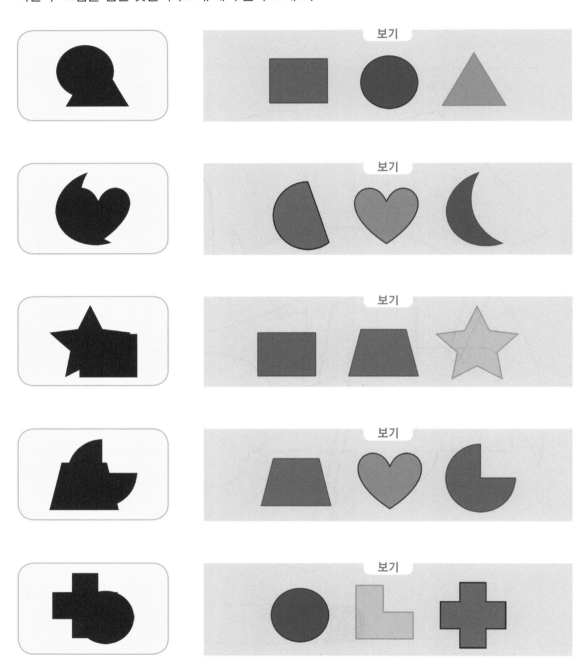

🌱 6) 어떤 모양일까요? ★ ★ ★

◉ 다음의 겹쳐진 숫자를 적어 보세요.

◉ 다음의 겹쳐진 철자들을 이용해서 만들 수 있는 단어는 무엇일지 각각 적어 보세요.

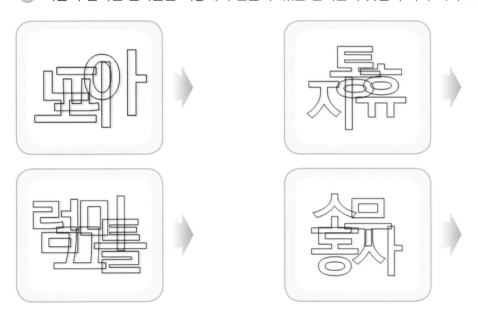

👁 여러 가지 과일들과 채소들이 겹쳐 있습니다.
무엇이 겹쳐 있는지 찾아보고 서로 다른 색깔의 색연필로 윤곽선을 그려 보세요.

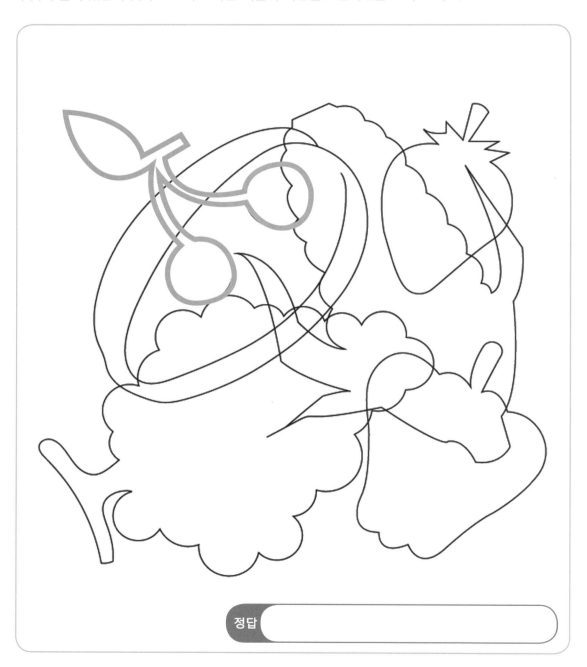

정답 _____

🌱 8) 어떤 모양일까요? ★ ★ ★

◉ 여러 가지 동물들이 겹쳐 있습니다.
무엇이 겹쳐 있는지 찾아보고 서로 다른 색깔의 색연필로 윤곽선을 그려 보세요.

정답

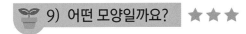

9) 어떤 모양일까요? ★ ★ ★

◉ 왼쪽의 그림은 〈보기〉의 세 그림을 겹쳐 놓은 결과물의 그림자입니다.
어떤 세 그림을 겹친 것일지 〈보기〉에서 골라 보세요.

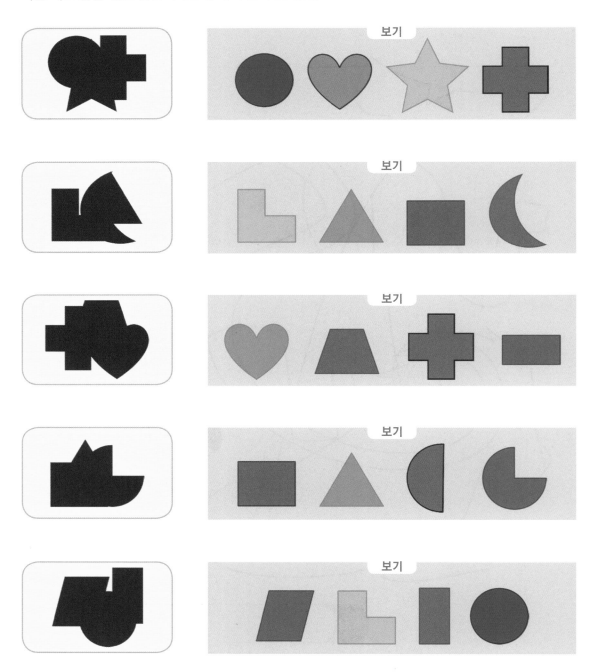

🌱 10) 어떤 모양일까요? ★ ★ ★

◉ 다음의 겹쳐진 숫자를 적어 보세요.

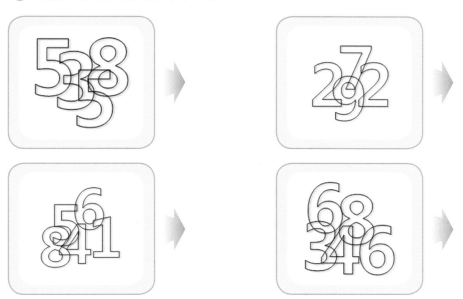

◉ 다음의 겹쳐진 철자들을 이용해서 만들 수 있는 단어는 무엇일지 각각 적어 보세요.

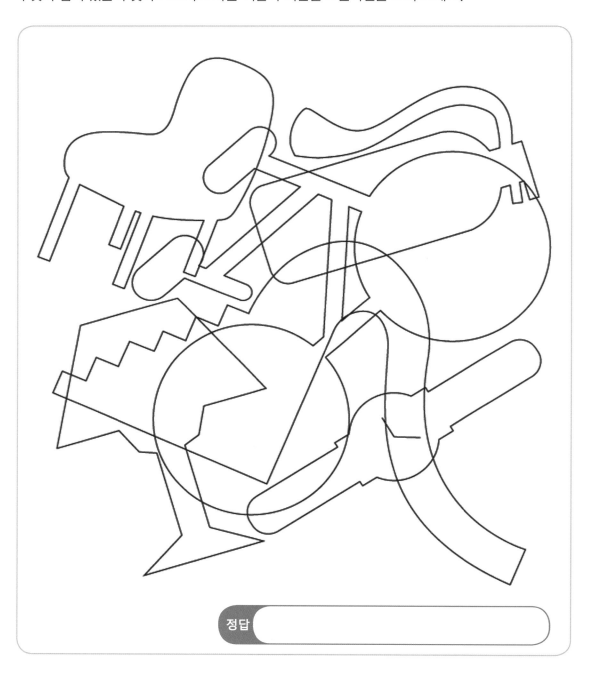

🌱 11) 어떤 모양일까요? ★ ★ ★

◉ 여러 가지 물건들이 겹쳐 있습니다.

무엇이 겹쳐 있는지 찾아보고 서로 다른 색깔의 색연필로 윤곽선을 그려 보세요.

정답

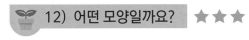 12) 어떤 모양일까요? ★ ★ ★

◉ 여러 가지 동물들이 겹쳐 있습니다.
무엇이 겹쳐 있는지 찾아보고 서로 다른 색깔의 색연필로 윤곽선을 그려 보세요.

정답

1) 길을 찾아 주세요 ★ ★ ★

◉ 수빈이가 집에서 학교까지 가기 위해서는 가로, 세로, 대각선 방향으로 같은 색으로 칠해진 길로
가야 합니다. 길을 찾아 주세요.

<table>
<tr><td>●</td><td>집</td><td>●</td><td>●</td><td>●</td></tr>
<tr><td>●</td><td>●</td><td>●</td><td>●</td><td>●</td></tr>
<tr><td>●</td><td>●</td><td>●</td><td>●</td><td>●</td></tr>
<tr><td>●</td><td>●</td><td>●</td><td>●</td><td>학교</td></tr>
<tr><td>●</td><td>●</td><td>●</td><td>●</td><td>●</td></tr>
</table>

2) 길을 찾아 주세요 ★ ★ ★

◉ 찬이가 집에서 학교까지 가기 위해서는 가로, 세로, 대각선 방향으로 같은 색의 벽돌을 밟으며 가야 합니다. 길을 찾아 주세요.

3) 길을 찾아 주세요 ★ ★ ★

◉ 건이가 헌혈을 하러 가려고 합니다. 가로, 세로, 대각선 방향으로 같은 색으로 칠해진 길로 가야 합니다. 길을 찾아 주세요.

◉ 테이블 위에 글자들이 흩어져 있네요.
다음 글자들 중에서 글자 크기, 모양이 같은 것들을 모아 각각의 단어들을 완성해 보세요.

장	책	ㄱ	퓨
님	엄	터	방
컴	친	ㄴ	선
가	마	생	갑

예) 선생님,

정답) ☐ ☐ , ☐ ☐ , ☐ ☐ 갑,

☐ ☐ 터 , ☐ 가 ☐

2) 같은 글자를 찾아 주세요 ★ ★ ★

◎ 비슷한 글자들이 많네요.
첫 번째 칸에 적혀 있는 글자와 똑같은 글자를 찾아보고 몇 개인지 맞혀 보세요.

사과	시과	서과
샤과	사과	사괴
사괴	시과	샤과
사과	사괴	사과
시과	샤과	사과

정답)   개

◉ 테이블 위에 글자들이 흩어져 있네요.
다음 글자들 중에서 글자 크기, 모양이 같은 것들을 모아 각각의 단어들을 완성해 보세요.

아	족	ㅅ	이
렐	방	라	일
게	이	술	떼
쓴	생	ㅋ	학
림	가	겨	ㅋ

예) 생 일

정답) ☐☐ , ☐☐☐ , ☐☐ 방 ☐

☐☐☐ 라 , ☐ 이 ☐☐☐

4) 같은 글자를 찾아 주세요 ★★★

 비슷한 글자들이 많네요.

첫 번째 칸에 적혀 있는 글자와 똑같은 글자를 찾아보고 몇 개인지 맞혀 보세요.

강낭콩	강남콩	겅넝콩
강닝콩	강낭콩	강냥콩
강낭콩	감낭콩	강람큥
강냥콩	강낭콩	강낭콤
강남콩	깅닝쿵	강낭콩

정답)

개

◉ 짝꿍을 찾아 주세요.

글자의 모양과 크기는 다르지만 단어가 같은 것을 찾아서 서로 연결하고, 아래에 적어 보세요.

아름다운 꽃   양파   피터팬

비타민   베토벤

아름다운 꽃   502호

502호   베토펜

502휴   피터 밴   파란하늘

비타민   피터팬

푸른하늘   비타민

피터팬   아름다운 꿈

정답)

◉ 테이블 위에 글자들이 흩어져 있네요.
다음 글자들 중에서 글자 크기, 모양이 같은 것들을 모아 각각의 단어들을 완성해 보세요.

인		다	터		
	이	뽁	어	광	
책		형	이	꽌	드
이		콥	서		
진	포		꽃		몬
도	헬				
행		레		린	클
	아		사	등	리

예) 헬 리 콥 터

정답) □□ , □□ , 도□□ , □□등 , □린□ ,

□꽃□ , □□□인 , □이□□

7) 같은 글자를 찾아 주세요 ★★★

◉ 비슷한 글자들이 많네요.
첫 번째 칸에 적혀 있는 글자와 똑같은 글자를 찾아보고 몇 개인지 맞혀 보세요.

대한민국	대헌민국	대힌만국	대힌민쿡	대한만국
대한만국	대힌민쿡	태한민국	태한밍쿡	대한민국
대한믹군	대한민국	태한밍쿡	대한만국	대한밍국
디한민국	대한만국	대힌만국	대한민국	대한믹국
디한민국	대헌민국	도한민국	대힌민쿡	대한믹군
대한밍국	대한민국	대한믹국	디한민국	대한민국
대헌민국	대한민국	대힌민쿡	태한민국	대헌민국
대힌민쿡	태한밍쿡	대한믹군	대한만국	대한민국
대힌만국	대한민국	대한믹국	대한믹군	대한밍국

정답)　　　　　　　　　　　　　　개

1

◉ 다양한 색의 하트가 있습니다. 빨간색, 파란색, 초록색의 하트의 개수를 세어 보세요.

개	개	개

🌱 2) 같은 모양을 찾아 주세요 ★★★

👁 다음 그림을 잘 보고 아래 질문에 답해 보세요.

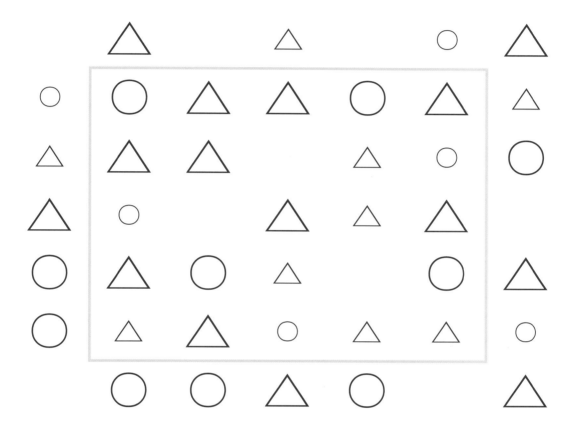

1) 사각형 안에 있는 삼각형은 모두 몇 개인가요?

2) 사각형 밖에 있는 원은 모두 몇 개인가요?

 **3) 같은 모양을 찾아 주세요** ★ ★ ★

◉ 도형들이 겹쳐진 다음의 모양들을 보고 아래 문제에 답해 보세요.

1) 몇 개의 도형이 겹쳐진 것일까요?

2) 어떤 도형들이 겹쳐진 것인지 직접 그려 보세요.

3) 겹쳐진 도형들 중, 각이 가장 많은 도형은 몇 각형일까요?

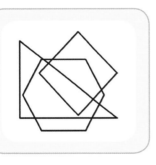

1) 몇 개의 도형이 겹쳐진 것일까요?

2) 어떤 도형들이 겹쳐진 것인지 직접 그려 보세요.

3) 겹쳐진 도형들 중, 각이 가장 많은 도형은 몇 각형일까요?

1) 몇 개의 도형이 겹쳐진 것일까요?

2) 어떤 도형들이 겹쳐진 것인지 직접 그려 보세요.

3) 겹쳐진 도형들 중, 각이 가장 많은 도형은 몇 각형일까요?

🌱 4) 같은 모양을 찾아 주세요 ★ ★ ★

◉ 아래 네모칸에는 여러 가지 그림이 들어 있습니다. 잘 보고, 같은 그림끼리 선을 이어서 연결해 보세요. 선끼리 겹치는 것은 괜찮지만, 그림이 있는 칸은 지나갈 수 없습니다.

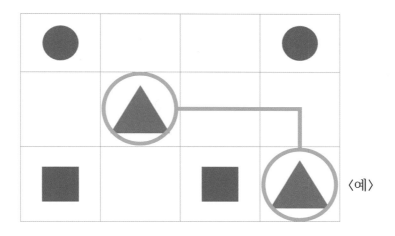

〈예〉

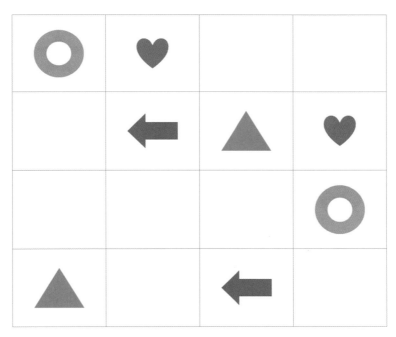

◉ 아래 네모칸에는 여러 가지 그림이 들어 있습니다. 잘 보고, 같은 그림끼리 선을 이어서 연결해 보세요. 선끼리 겹치는 것은 괜찮지만, 그림이 있는 칸은 지나갈 수 없습니다.

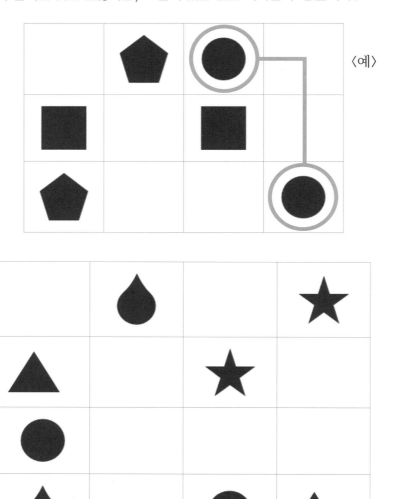

〈예〉

◉ 다음은 〈보기〉의 도형을 겹쳐 놓은 모양입니다.
어떤 순서로 겹쳐 놓은 것인지, <u>맨 아래에 놓인 도형의 번호부터</u> 적어 보세요.

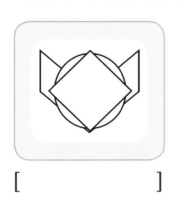

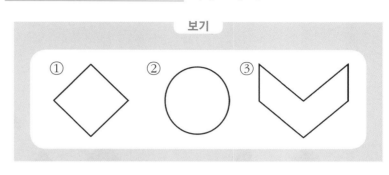

[   ]

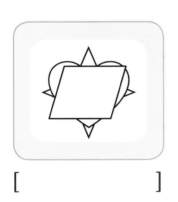

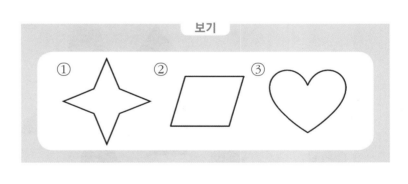

[   ]

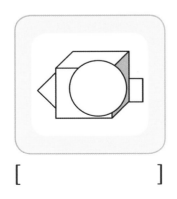

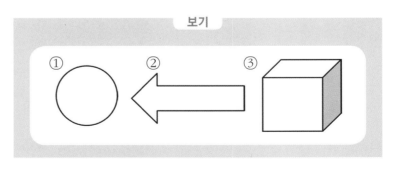

[   ]

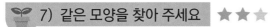 7) 같은 모양을 찾아 주세요 ★★★

👁 다양한 모양, 크기, 색의 산이 있습니다. 아래 조건에 맞게 세어 보세요.

			모양 상관없이 노란색 산	모양 상관없이 초록색 산	모양 상관없이 보라색 산
개	개	개	개	개	개

🌱 8) 같은 모양을 찾아 주세요 ★★★

👁 아래 네모칸에는 여러 가지 그림이 들어 있습니다. 잘 보고, 같은 그림끼리 선을 이어서 연결해 보세요. 선끼리 겹치는 것은 괜찮지만, 그림이 있는 칸은 지나갈 수 없습니다.

문제 1

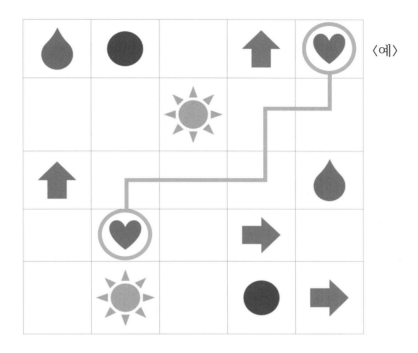

〈예〉

문제 2

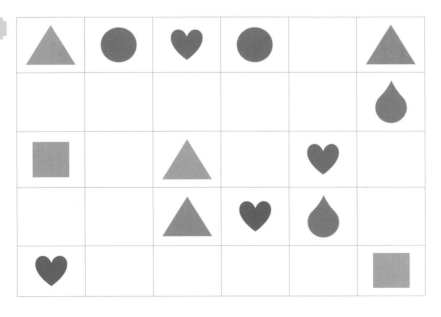

9) 같은 모양을 찾아 주세요

👁 아래 네모칸에는 여러 가지 그림이 들어 있습니다. 잘 보고, 같은 그림끼리 선을 이어서 연결해 보세요. 선끼리 겹치는 것은 괜찮지만, 그림이 있는 칸은 지나갈 수 없습니다.

문제 1

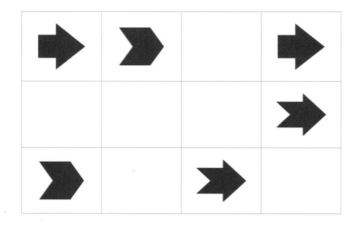

문제 2

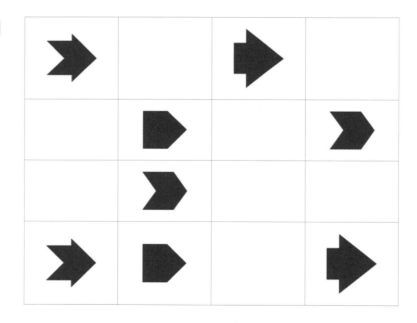

10) 같은 모양을 찾아 주세요 ★★★

아래 네모칸에는 여러 가지 그림이 들어 있습니다. 잘 보고, 같은 그림끼리 선을 이어서 연결해 보세요. 선끼리 겹치는 것은 괜찮지만, 그림이 있는 칸은 지나갈 수 없습니다.

문제 1

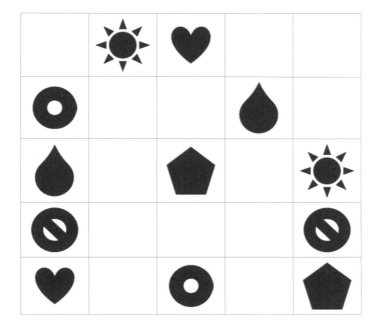

문제 2

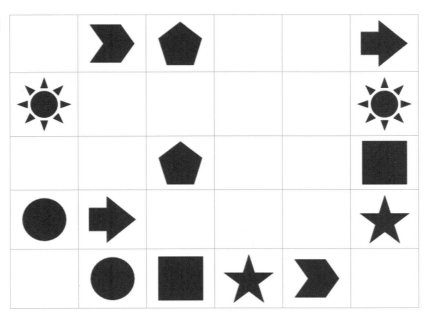

11) 같은 모양을 찾아 주세요 ★★★

아래 네모칸에는 여러 가지 그림이 들어 있습니다. 잘 보고, 같은 그림끼리 선을 이어서 연결해 보세요. 선끼리 겹치는 것은 괜찮지만, 그림이 있는 칸은 지나갈 수 없습니다.

〈예〉

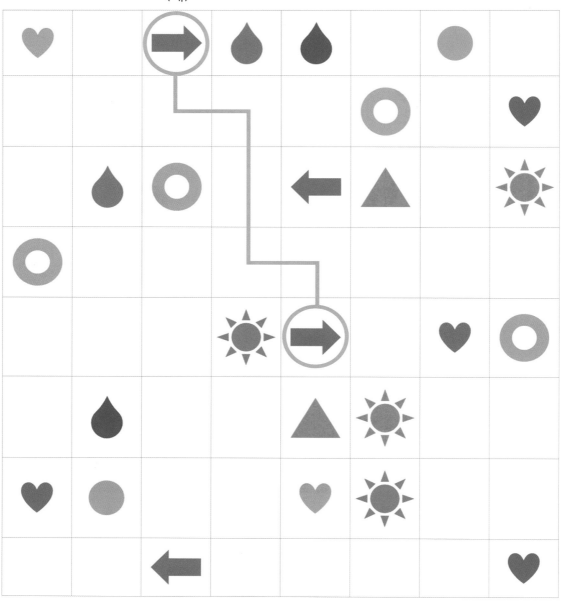

12) 같은 모양을 찾아 주세요 ★★★

 아래 네모칸에는 여러 가지 그림이 들어 있습니다. 잘 보고, 같은 그림끼리 선을 이어서 연결해 보세요. 선끼리 겹치는 것은 괜찮지만, 그림이 있는 칸은 지나갈 수 없습니다.

문제 1

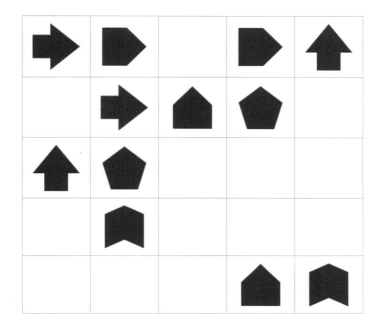

문제 2

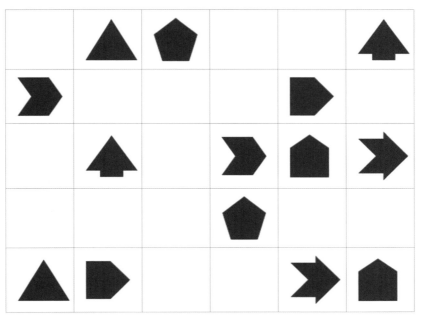

13) 같은 모양을 찾아 주세요 ★★★

👁 아래 네모칸에는 여러 가지 그림이 들어 있습니다. 잘 보고, 같은 그림끼리 선을 이어서 연결해 보세요. 선끼리 겹치는 것은 괜찮지만, 그림이 있는 칸은 지나갈 수 없습니다.

14) 같은 모양을 찾아 주세요

◉ 아래 네모칸에는 여러 가지 그림이 들어 있습니다. 잘 보고, 같은 그림끼리 선을 이어서 연결해 보세요. 선끼리 겹치는 것은 괜찮지만, 그림이 있는 칸은 지나갈 수 없습니다.

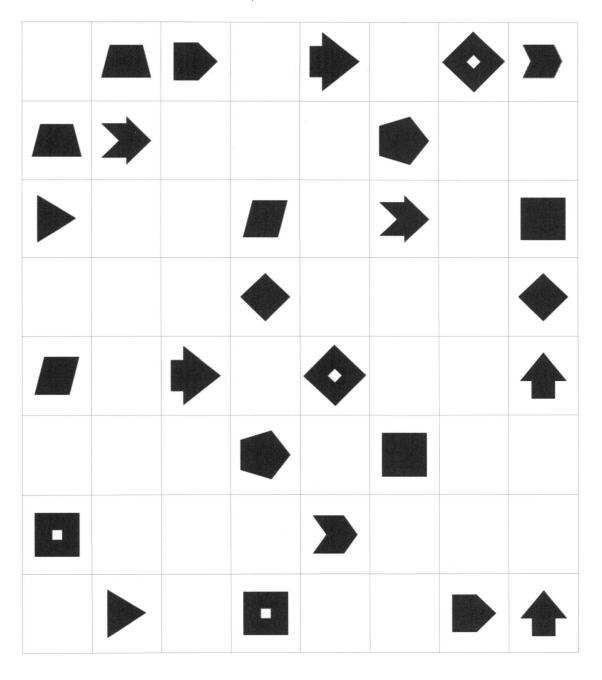

1) 같은 색깔을 찾아 주세요 ★ ★ ★

◉ 〈보기〉와 같이, 출발점에 있는 아이의 모자와 같은 색깔의 모자를 쓴 아이를 따라 도착점까지
선을 그어 보세요(대각선도 가능).

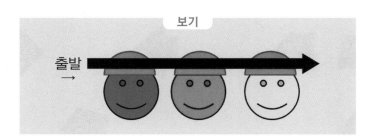

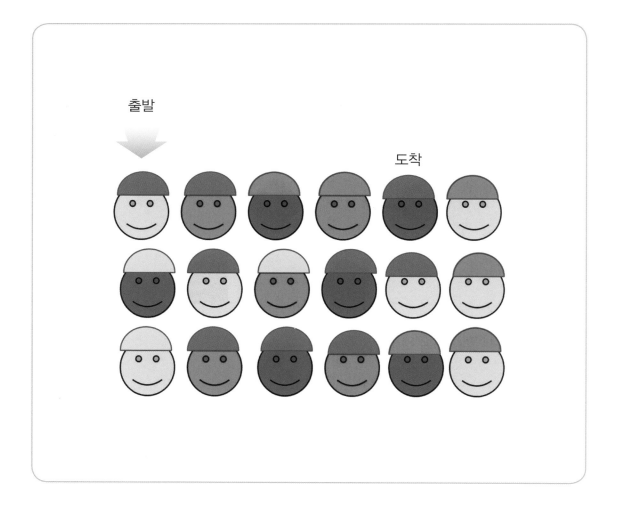

2) 같은 색깔을 찾아 주세요 ★ ★ ★

◉ 빈칸에 해당되는 색을 칠해서 그림을 완성해 주세요.

1

3) 같은 색깔을 찾아 주세요 ★★★

👁 바다 위에 돛단배가 떠 있습니다. 모양에 해당되는 색을 칠해서 그림을 완성하세요.

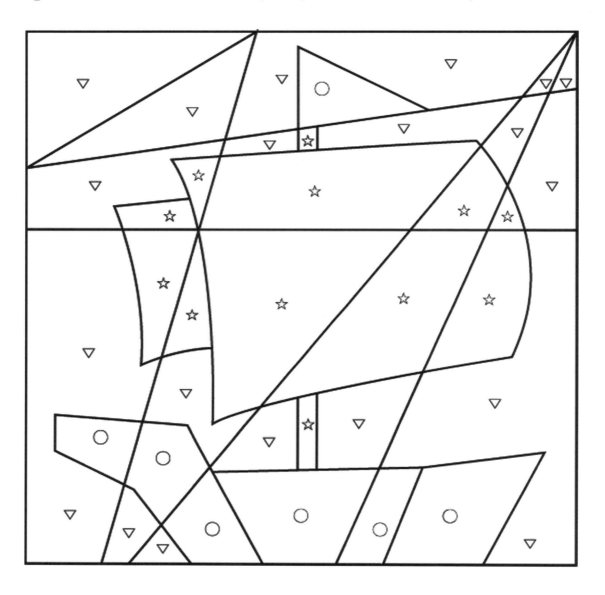

◯ = ● ☆ = ● ▽ = ●

🌱 4) 같은 색깔을 찾아 주세요 ★★★

◉ 〈보기〉와 같이, 출발점에 있는 아이의 얼굴과 색깔이 같은 아이를 따라 도착점까지 선을 그어 보세요(대각선도 가능).

◉ 우산이 있습니다. 숫자에 해당되는 색을 칠해서 그림을 완성해 주세요.

6) 같은 색깔을 찾아 주세요 ★★★

👁 다양한 색의 벽돌이 쌓여 있습니다. 숫자에 해당되는 색을 칠해 보세요.

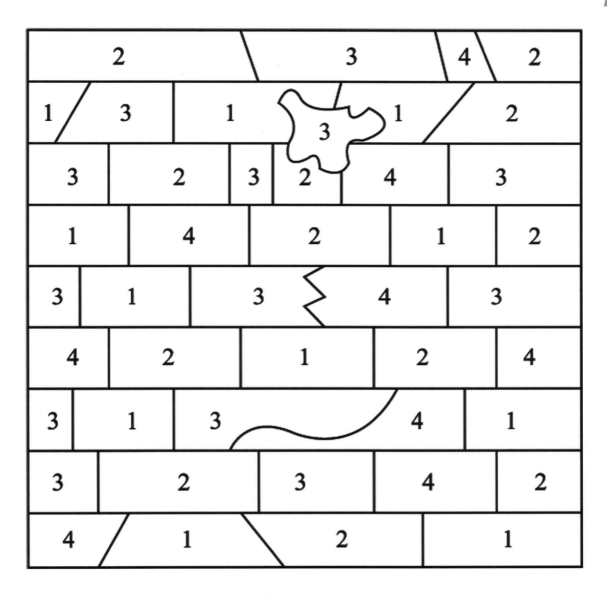

1 = ⚪   2 = ⚫
3 = ⚫   4 = ⚫

🌱 7) 같은 색깔을 찾아 주세요 ★ ★ ★

👁 〈보기〉와 같이, 출발점에 있는 아이의 모자와 색깔이 같은 아이를 따라 도착점까지 선을 그어 보세요(대각선도 가능).

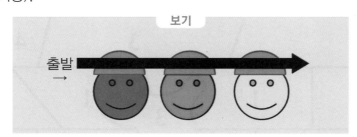

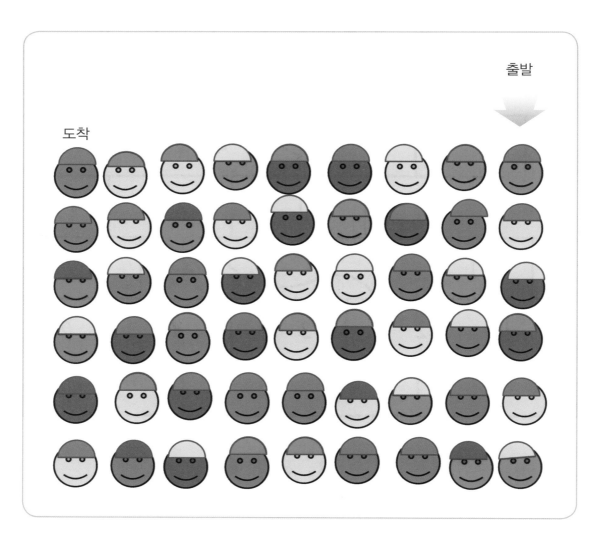

8) 같은 색깔을 찾아 주세요 ★ ★ ★

◉ 〈보기〉와 같이, 출발점에 있는 아이의 얼굴과 색깔이 같은 아이를 따라 도착점까지 선을 그어 보세요(대각선도 가능).

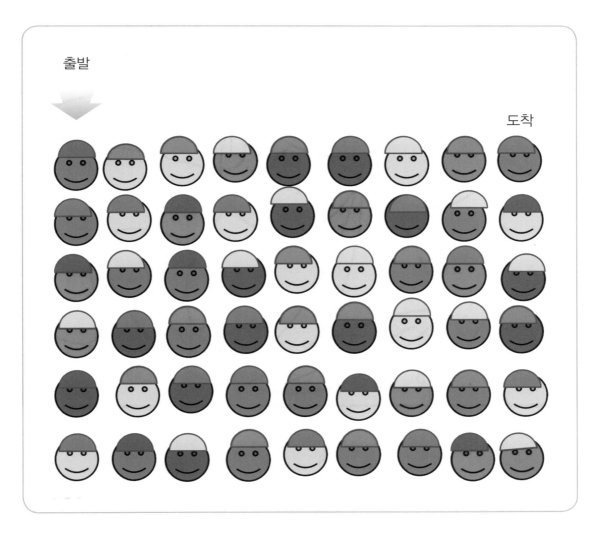

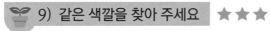 9) 같은 색깔을 찾아 주세요 ★★★

◉ 봄이 되니 언덕 위에 꽃이 피었습니다. 숫자에 해당되는 색을 칠해 보세요.

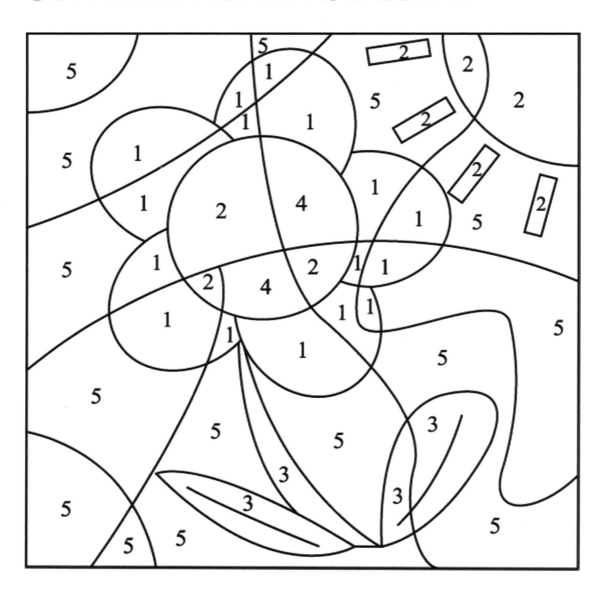

1 = ⚫   2 = ⚫   3 = ⚫
4 = ⚫   5 = ⚫

나. 분류하기

 1) 같은 종류끼리 모아 보세요 ★ ★ ★

◉ 다음 도형들을 아래 제시된 기준에 따라 분류하여 해당 도형의 번호들을 적어 보세요.

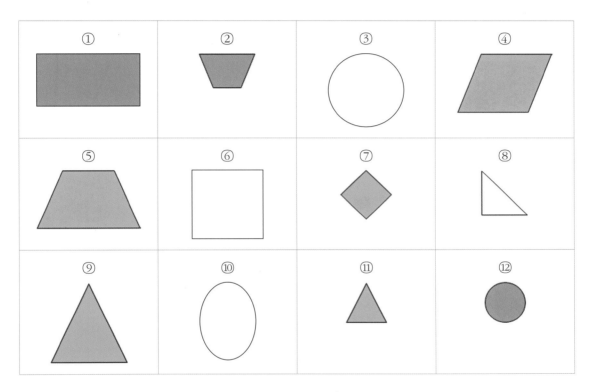

1. 모양에 따라 분류하기

원	삼각형	사각형

2. 색깔에 따라 분류하기

주황색	흰색	초록색

3. 크기에 따라 분류하기

작은 것	큰 것

2) 같은 종류끼리 모아 보세요 ★★★

 다음 도형들을 가능한 대로 분류해 보고, 각각을 어떤 기준에 따라 분류한 것인지 아래에 적어 보세요.

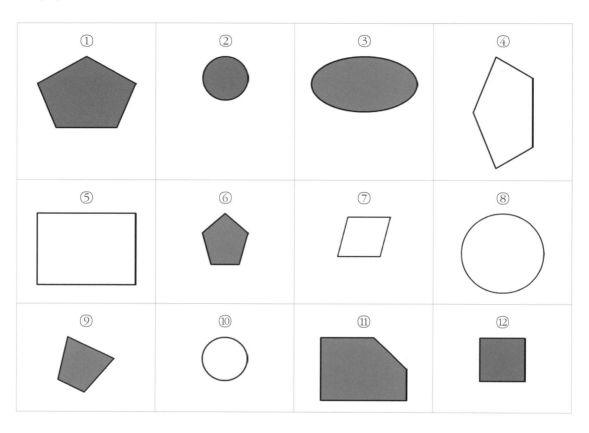

1. 기준:

2. 기준:

3. 기준:

3) 같은 종류끼리 모아 보세요 ★ ★ ★

◉ 다음 입체도형들을 잘 보고 아래 질문에 답해 보세요.

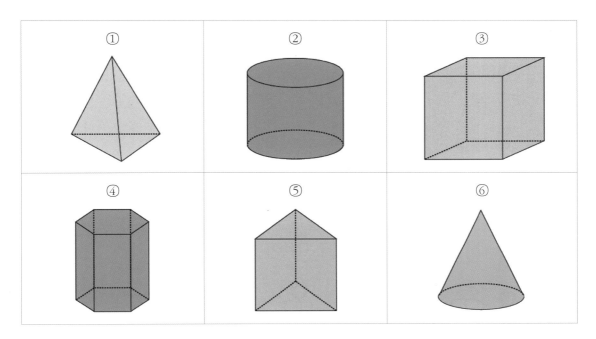

① ② ③
④ ⑤ ⑥

1. <u>밑면의 모양이 같은 것</u>끼리 분류해서 번호를 적으세요.

2. <u>앞쪽 정면에서 봤을 때 모양이 같은 것</u>끼리 분류해서 번호를 적으세요.

3. <u>면의 개수가 가장 많은 도형</u>은 어떤 것인지 번호를 적으세요.

4) 같은 종류끼리 모아 보세요 ★★★

👁 〈보기〉에 여러 가지 입체도형의 그림들이 있습니다. 그 아래에 제시된 그림들을 어떤 입체도형으로 분류할 수 있을지 기호를 적어 보세요.

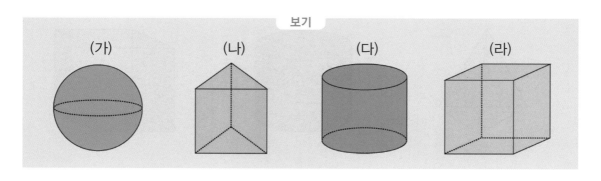

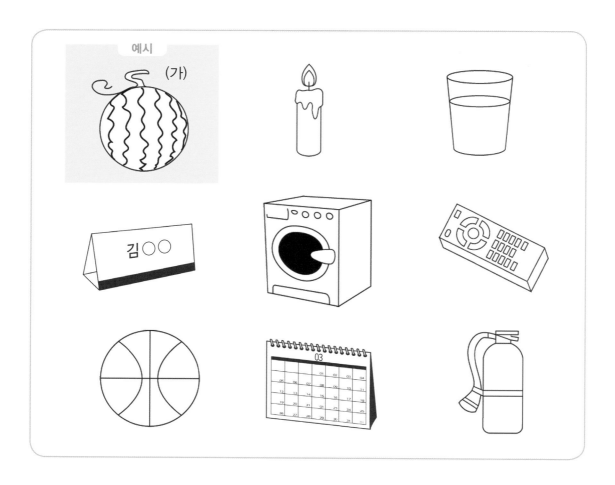

1) 똑같이 똑같이! ★ ★ ★

 다음의 그림과 똑같이 아래 칸에 색칠하세요.

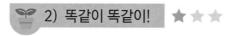 2) 똑같이 똑같이! ★ ★ ★

◉ 다음의 그림을 보고 아래 칸에 최대한 똑같이 그려 보세요.

		◯		●	
		△			▼
◆		◎		▽	

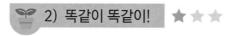

1. 필수과제

3) 똑같이 똑같이! ★ ★ ★

◉ 왼쪽 그림과 똑같이 오른쪽 칸에 색칠하세요.

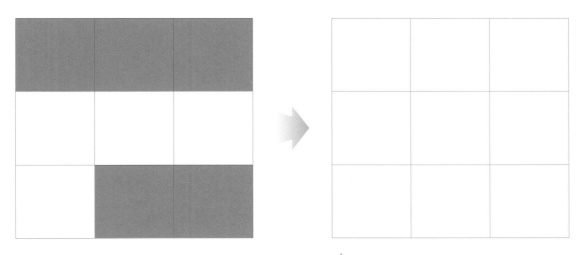

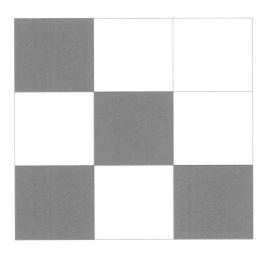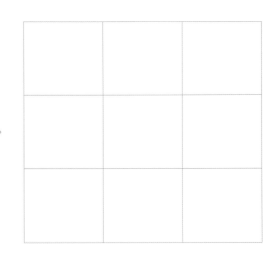

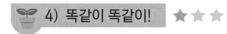

4) 똑같이 똑같이! ★ ★ ★

● 〈보기〉와 모양, 위치가 모두 똑같은 쌍을 찾아 동그라미 하세요.

5) 똑같이 똑같이! ★★★

〈보기〉와 색, 모양, 위치가 모두 똑같은 쌍을 찾아 동그라미 하세요.

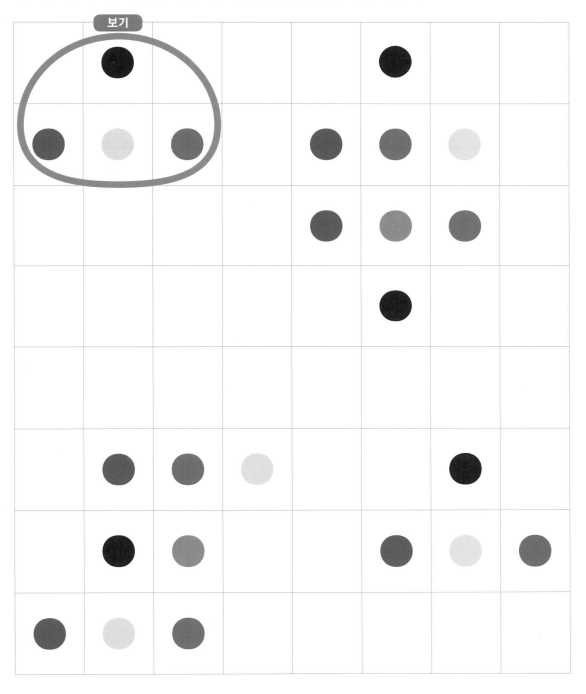

다. 위치 파악하기 071

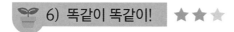 6) 똑같이 똑같이! ★ ★ ★

◉ 다음의 그림을 보고 아래 칸에 최대한 똑같이 그려 보세요.

⊒	∝				♨
		∴		↕	
	Ǝ				♩

7) 똑같이 똑같이!

◉ 다음의 그림을 보고 아래 칸에 최대한 똑같이 그리고 색칠해 보세요.

1

		⊠			
			÷		★
	▲			⊞	

다. 위치 파악하기 **073**

8) 똑같이 똑같이! ★★★

◉ 다음의 그림을 보고 아래 칸에 최대한 똑같이 그리고 색칠해 보세요.

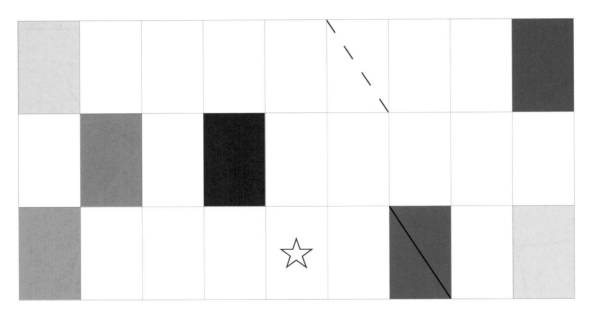

◉ 왼쪽 그림과 똑같이 오른쪽 칸에 색칠하세요.

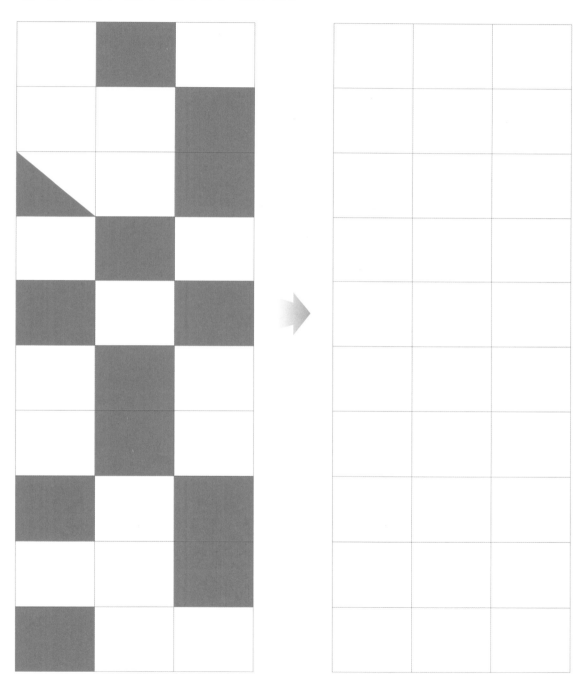

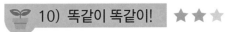 10) 똑같이 똑같이!

◉ 왼쪽 그림과 똑같이 오른쪽 칸에 색칠하세요.

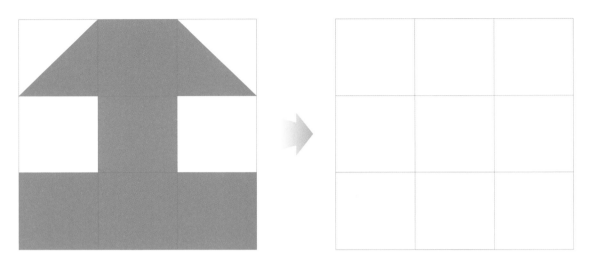

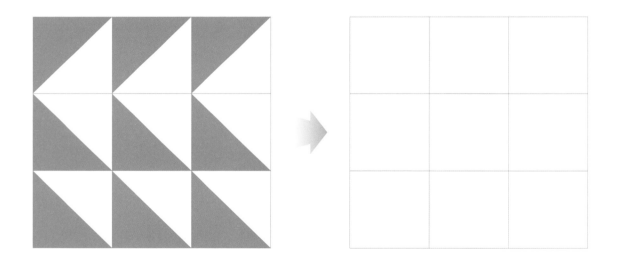

11) 똑같이 똑같이! ★ ★ ★

◉ 왼쪽 그림과 똑같이 오른쪽 칸에 색칠하세요.

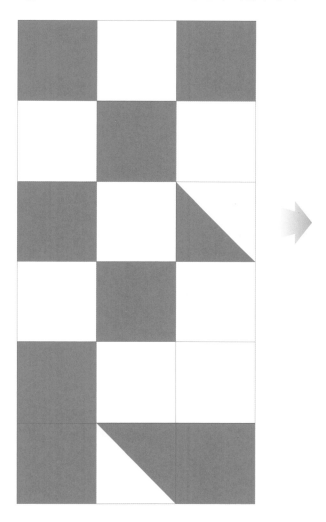

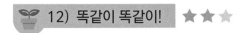 12) 똑같이 똑같이! ★ ★ ★

◉ 모양과 위치가 똑같은 한 쌍을 찾아 동그라미 하세요.

	■						■
★	▲					▲	★
				★			
	■			▲	■		
▲	★						
						■	
	▲			▲	●		
	■	★					

13) 똑같이 똑같이! ★ ★ ★

◉ 색, 모양, 위치가 똑같은 한 쌍을 찾아 동그라미 하세요.

14) 똑같이 똑같이! ★★★

 색, 모양, 위치가 똑같은 한 쌍을 찾아 동그라미 하세요.

🌱 1) 길을 찾아 주세요 ★ ★ ★

◉ 3명의 친구들이 먹게 될 음식은 무엇일까요? 서로 다른 색연필로 선을 따라가면 더욱 쉽게 찾을 수 있습니다.

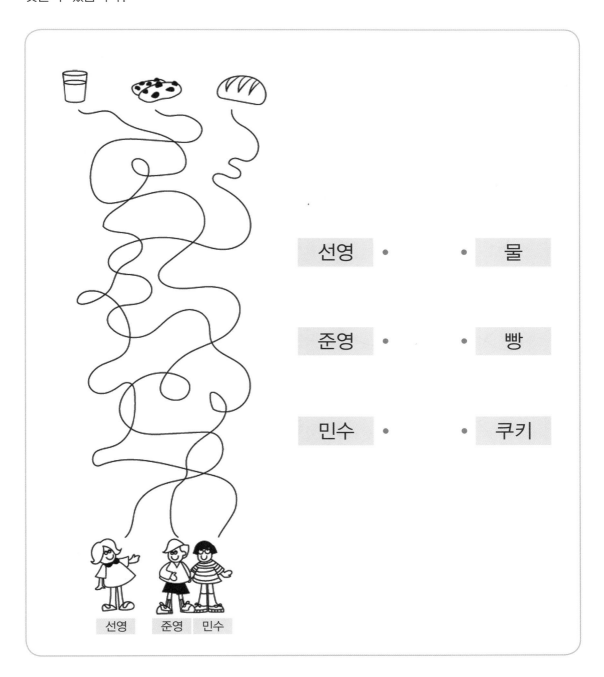

선영 •   • 물

준영 •   • 빵

민수 •   • 쿠키

선영   준영 민수

2) 길을 찾아 주세요 ★ ★ ★

◉ 3개의 우주선이 도착할 행성은 어디일까요? 서로 다른 색연필로 선을 따라가면 더욱 쉽게 찾을 수 있습니다.

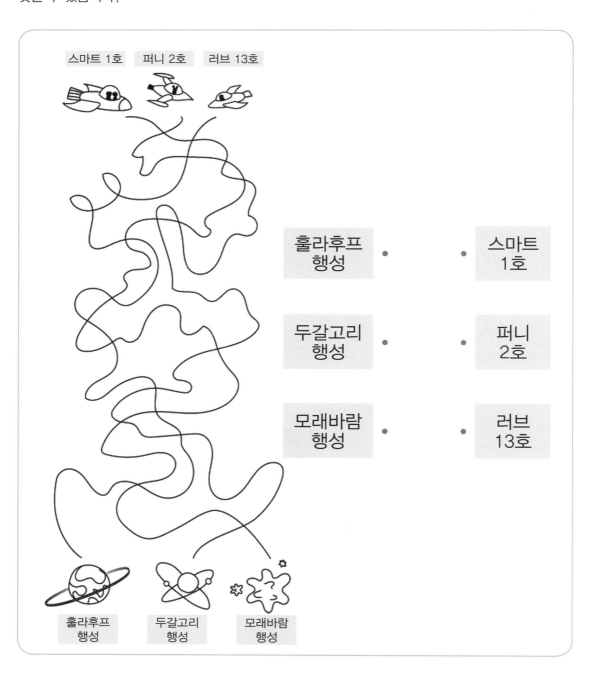

3) 길을 찾아 주세요 ★ ★ ★

◉ 소영이가 마트에서 길을 잃고 울고 있습니다.
소영이가 엄마를 만날 수 있도록 가는 길을 찾아 주세요.

🌱 4) 길을 찾아 주세요 ★★★

◉ 화분에 물을 주었습니다.
물방울이 화분 밖으로 빠져나가는 길을 찾아보세요.

라. 좌표 이해하기

 1) 어디에 있을까요? ★ ★ ★

◉ 다음은 어느 지하철역의 분실물센터 진열대의 모습입니다. 잘 보고 아래의 질문들에 답해 보세요.

1) 수진이 어머니는 <u>갈색 가방</u>을 잃어버리셨습니다. 분실물센터 진열대에서 그 가방의 위치는 위에서 _____ 째 줄, 오른쪽에서 _____ 째 칸에 있습니다.

2) 민수가 잃어버린 물건은 <u>아래에서부터 3째 줄, 왼쪽에서부터 2째 칸</u>에 놓여 있습니다. 민수가 잃어버린 물건은 무엇일까요?

3) 영빈이는 <u>파란색 종이가방 왼쪽</u>에 있는 물건을 잃어버렸습니다. 영빈이가 잃어버린 물건은 무엇일까요?

4) 소정이 어머니는 <u>모자와 휴대폰 사이</u>에 있는 물건을 잃어버리셨습니다. 소정이 어머니가 잃어버리신 물건은 무엇일까요?

2) 어디에 있을까요? ★ ★ ★

◉ 민희가 책을 사려고 서점에 왔습니다.
화살표 암호를 따라 민희가 사고 싶은 책을 서점 책꽂이에서 찾아보세요.

화살표 암호: ↑ ↘ ↓ → → ↑ ↘ ← ← ←

출발

3) 어디에 있을까요? ★★☆

◉ 내가 살고 있는 장미아파트 103동에는 우리 반 친구들이 많이 삽니다.
다음 그림을 보고 아래 질문들에 답해 보세요.

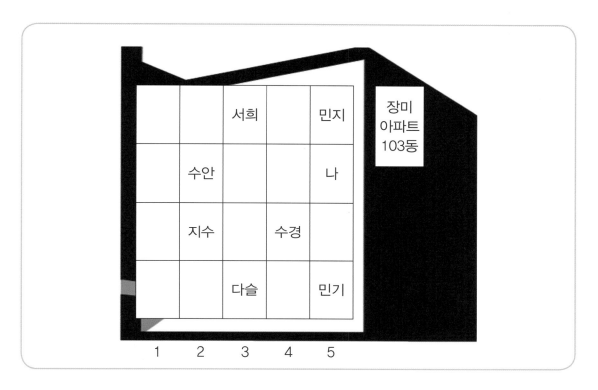

1) 서로 같은 층에 사는 친구들은 누구누구인가요?

　1층:　　　　　　　　2층:　　　　　　　　3층:　　　　　　　　4층:

2) 각 라인에 사는 친구들은 누구누구인가요?

　1:　　　　　　2:　　　　　　3:　　　　　　4:　　　　　　5:

3) 다슬이네 집은 우리 집에서 (위/아래)로 ＿＿＿＿＿ 층,

　　　　　　　　　　(오른쪽/왼쪽)으로 ＿＿＿＿＿ 칸 가야 합니다.

4) 수안이의 집은 우리 집에서 (오른쪽/왼쪽)으로 ＿＿＿＿＿ 칸 가야 합니다.

◉ 다음은 우리 반 아이들의 신발장입니다. 잘 보고 아래 질문들에 답해 보세요.

경화	소정	세연	지은	3-4 신발장
나래	원균	재현	연오	
선화	선영	지훈	나라	
형일	현주	X	X	

1) 우리 조 아이들은 총 몇 명인가요?

2) 경화의 신발은 지훈이 신발의 (위쪽/아래쪽)으로 _____ 칸,

　　　　　　　　　　　(오른쪽/왼쪽)으로 _____ 칸 가면 있습니다.

3) 선화의 신발은 재현이 신발에서 (위쪽/아래쪽)으로 _____ 칸,

　　　　　　　　　　　(오른쪽/왼쪽)으로 _____ 칸 가면 있습니다.

4) 지은이의 신발은 현주 신발에서 (위쪽/아래쪽)으로 _____ 칸,

　　　　　　　　　　　(오른쪽/왼쪽)으로 _____ 칸 가면 있습니다.

5) 어디에 있을까요? ⭐⭐⭐

◉ 민수의 생일이어서 민수네 집에 친구들이 많이 놀러 왔어요. 민수네 집 현관에는 친구들과 가족들의 신발이 많이 놓여 있네요. 화살표 암호에서 힌트를 얻어 현관에 놓인 신발들 중에 민수의 신발을 찾아보세요.

화살표 암호:　→　↓　→　→　↘　↙　←　↑　←　←

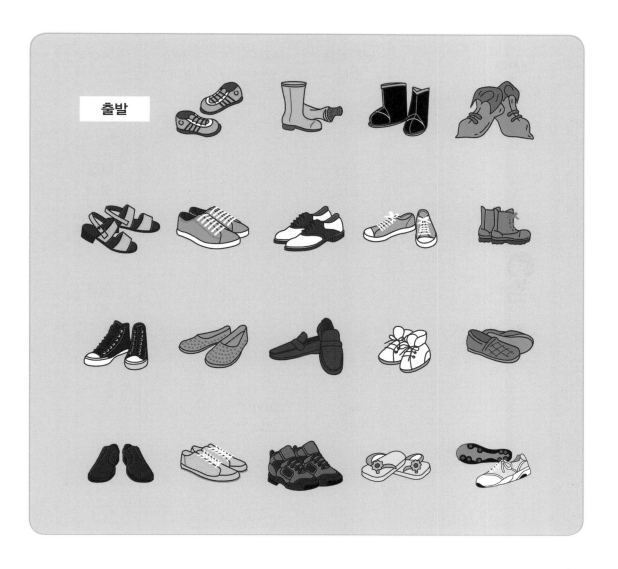

6) 어디에 있을까요? ★ ★ ★

◉ 화살표 방향을 보고 마트에서 엄마가 계단대에 도착하기 전까지 어떤 코너들을 지나가셨는지 모두 찾아보세요.

화살표 방향: ↑ → ↘ → ↓ → ↑ ↗↘ ← ↓ ← ↑ ← ←

계산대		냉동식품 코너	음료수 코너	유제품 코너	
		과자 코너			육류 코너
출발					어류 코너
		채소 코너	과일 코너		

🌱 7) 어디에 있을까요? ★ ★ ★

👁 수민이가 도서관에 갔습니다. 다음 대여표 네 장에 적혀 있는 책의 번호를 보고 수민이가 찾으려는 책이 어느 칸에 있을지 각각 표시해 보세요.

〈예〉 책 제목:	책 제목:	책 제목:	책 제목:
세종대왕 위인전	이솝우화	비밀의 정원	초등 필독서 모음집
책 번호: 84	책 번호: 69	책 번호: 23	책 번호: 40

	10	20	30
0−4			
5−9			

	40	50	60
0−4			
5−9			

	70	80	90
0−4		(예) 세종대왕 위인전	
5−9			

화살표 방향을 보고 다음 지도에서 남자아이가 월요일과 화요일에 <u>최종적으로</u> 도착한 곳은 각각 어디인지 알아맞혀 보세요.

> (월) 화살표 방향: → → ↗ ↓ → → ↘ ↗ ↘ ↓ ← ← ↑ ↑
>
> (화) 화살표 방향: ↓ → → ↓ ↘ ↓ ← ← ↓ ↘ ←

출발		편의점		
세탁소				약국
		우체국		병원
과일가게	문구점		학교	

월요일: _____

화요일: _____

9) 어디에 있을까요? ★★★

민규가 도서관에 갔습니다. 다음 대여표 여섯 장에 적혀 있는 책의 번호를 보고 민규가 찾으려는 책이 어느 칸에 있을지 각각 표시해 보세요.

〈예〉

책 제목:
심콩이와 떠나는 마음 여행
책 번호: 가 100

책 제목:
쉽게 배우는 한국 역사!
책 번호: 다 214

책 제목:
초등학생이 알아야 할 단편소설 모음
책 번호: 가 427

책 제목:
바다 이야기
책 번호: 나 311

책 제목:
로마 여행
책 번호: 나 222

책 제목:
내 멋대로 할거야!
책 번호: 다 329

가	100	200	300	400
0–9	(예)심콩이와 떠나는 마음 여행			
10–19				
20–29				
30–39				

나	100	200	300	400
0–9				
10–19				
20–29				
30–39				

다	100	200	300	400
0–9				
10–19				
20–29				
30–39				

1) 숨겨진 단어를 찾아 주세요 ★ ★ ★

◉ 악기 그림이 그려져 있습니다. 악기의 이름을 글자판에서 <u>가로</u>, <u>세로</u>로 조합하여 찾아보세요. 그리고 그림과 이름을 연결해 보세요. 그림에는 없지만, 만약 악기 이름이 더 있다면 찾아보세요.

하	리	코	더	피	기
		예시			
마	커	체	트	아	타
피	구	불	라	비	어
아	라	바	이	올	린
노	타	트	앵	하	프
히	모	니	글	라	이

2) 숨겨진 단어를 찾아 주세요 ★★★

아래 그림들은 먹을 것과 관련된 것입니다. 그림들에 해당되는 단어들을 글자판에서 <u>가로</u>, <u>세로</u>, <u>대각선</u>으로 조합하여 찾아보세요. 그리고 그림과 연결해 보세요. 그림에는 없지만, 만약 먹을 것과 관련 있는 단어가 더 있다면 찾아보세요.

산	침	샌	포	이	아	조
샌	드	위	치	도	이	풍
드	냉	딜	책	킨	스	카
이	장	아	케	이	크	메
치	고	가	마	지	림	라
마	후	기	호	나	이	당
우 _{예시}	유	수	파	인	애	플

🌱 3) 숨겨진 단어를 찾아 주세요 ★ ★ ★

◎ 아래 그림들은 집에 있는 물건들과 관련된 것입니다. 그림들에 해당되는 단어들을 글자판에서 <u>가로</u>, <u>세로</u>, <u>대각선</u>으로 조합하여 찾아보세요. 그림에는 없지만, 만약 집에 있는 물건들과 관련 있는 단어가 더 있다면 찾아보세요.

대	핸	드	푼	냉	규	책	어	머
침 예시	대	장	고	접	자	상	의	아
중	데	세	탁	기	파	눈	자	리
레	인	톡	포	서	탁	자	눈	서
지	가	기	크	냉	자	자	전	거
컴	스	레	전	마	장	거	자	텐
퓨	레	개	자	레	인	고	자	커
터	인	캄	퓨	접	지	순	재	덮
접	지	책	장	시	카	메	라	우

마. 규칙 파악하기

 1) 규칙을 찾아요 ★ ★ ★

◉ 보기에 제시된 규칙을 아래 그림에서 찾아 동그라미 하세요.
단, 방향은 가로(→, ←), 세로(↓, ↑), 대각선(↘, ↖, ↗, ↙) 모두 가능합니다.

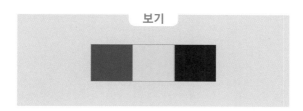

보기

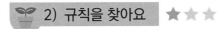

2) 규칙을 찾아요 ★ ★ ★

◉ 보기에 제시된 규칙을 아래 그림에서 찾아 동그라미 하세요.
단, 방향은 가로(→, ←), 세로(↓, ↑), 대각선(↘, ↖, ↗, ↙) 모두 가능합니다.

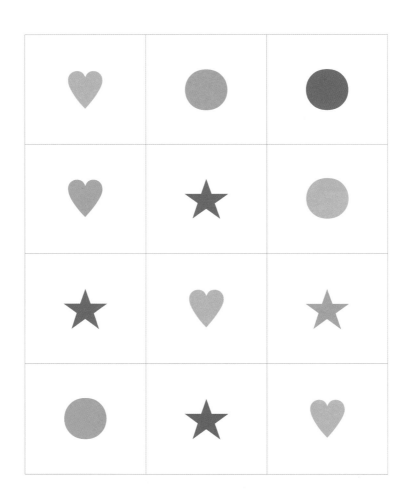

🌱 3) 규칙을 찾아요 ★ ★ ★

◉ 보기에 제시된 규칙을 아래 그림에서 찾아 동그라미 하세요.
단, 방향은 가로(→, ←), 세로(↓, ↑), 대각선(↘, ↖, ↗, ↙) 모두 가능합니다.

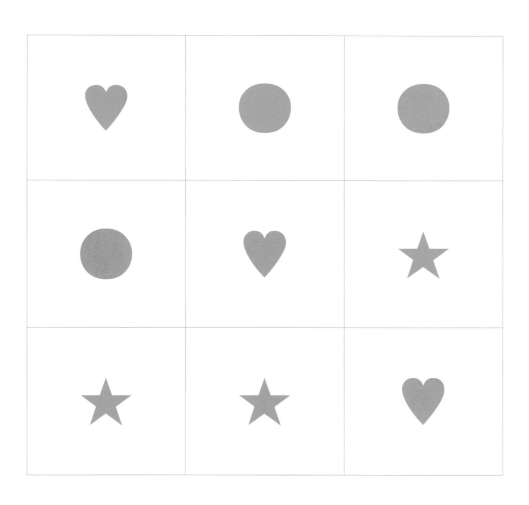

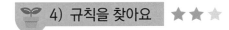 4) 규칙을 찾아요 ★★★

◉ 보기에 제시된 규칙을 아래 그림에서 찾아 동그라미 하세요.
단, 방향은 가로(→, ←), 세로(↓, ↑), 대각선(↘, ↖, ↗, ↙) 모두 가능합니다.

보기

🌱 5) 규칙을 찾아요 ★★★

◉ 보기에 제시된 규칙을 아래 그림에서 찾아 동그라미 하세요.
단, 방향은 가로(→, ←), 세로(↓, ↑), 대각선(↘, ↙, ↗, ↗) 모두 가능합니다.

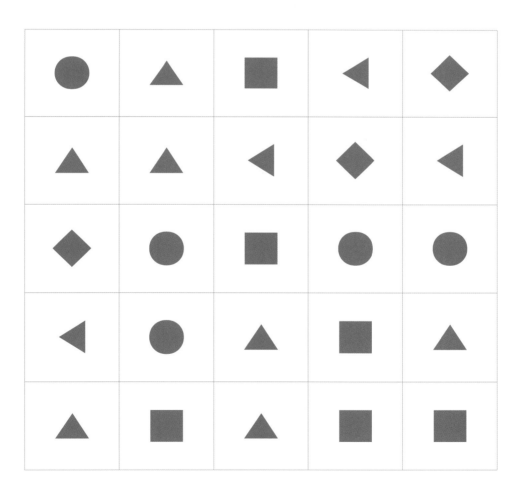

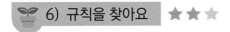

6) 규칙을 찾아요 ★★★

보기에 제시된 규칙을 아래 그림에서 찾아 동그라미 하세요.
단, 방향은 가로(→, ←), 세로(↓, ↑), 대각선(↘, ↘, ↗, ↗) 모두 가능합니다.

♩	♩	♪	♫
♪	♪	♫	♪
♩	♪	♫	♩
♫	♪	♩	♫

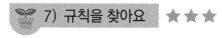

7) 규칙을 찾아요 ★ ★ ★

◉ 보기에 제시된 아래 그림에서 규칙을 찾아 동그라미 하세요.
단, 방향은 가로(→, ←), 세로(↓, ↑), 대각선(↘, ↖, ↗, ↙) 모두 가능합니다.

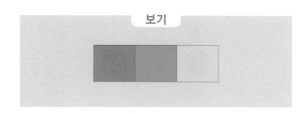

보기

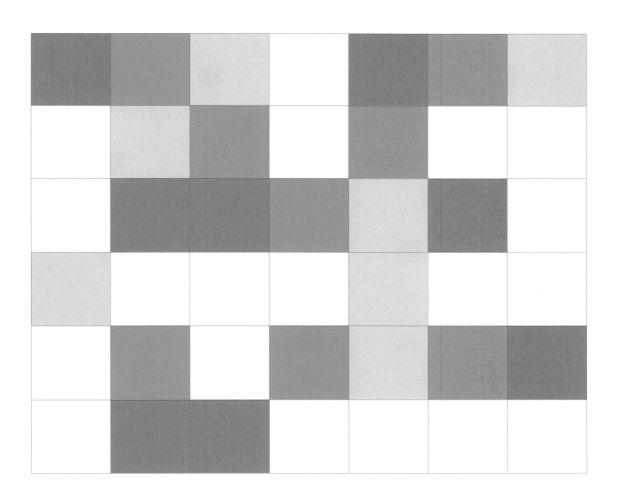

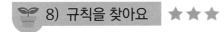 8) 규칙을 찾아요 ★ ★ ★

◉ 보기에 제시된 규칙을 아래 그림에서 찾아 동그라미 하세요.
단, 방향은 가로(→, ←), 세로(↓, ↑), 대각선(↘, ↖, ↗, ↙) 모두 가능합니다.

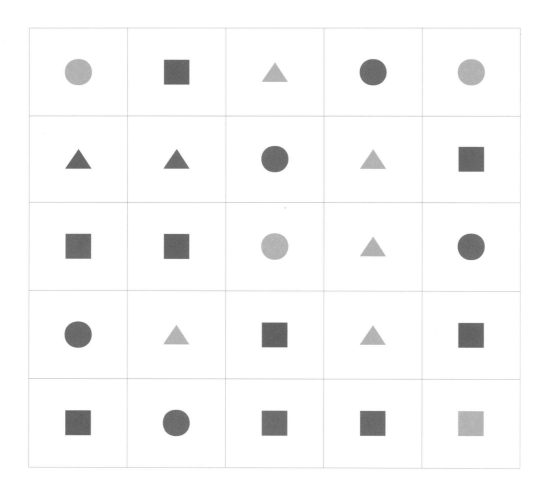

9) 규칙을 찾아요 ★ ★ ★

◉ 보기에 제시된 규칙을 아래 그림에서 찾아 동그라미 하세요.
단, 방향은 가로(→, ←), 세로(↓, ↑), 대각선(↘, ↖, ↗, ↙) 모두 가능합니다.

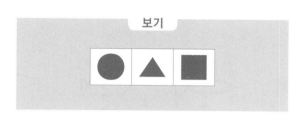

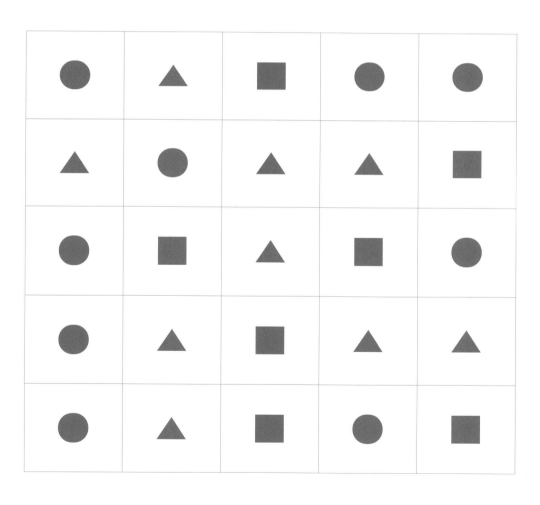

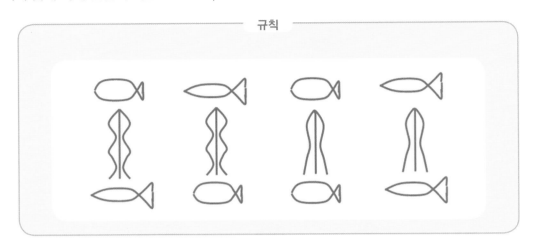

🌱 10) 규칙을 찾아요 ★★★

👁 〈규칙〉에서는 해조류와 물고기의 모양을 동시에 고려해야 합니다.
규칙에 맞게 아래 빈칸에 적절한 해조류, 물고기를 그려 보세요.

규칙

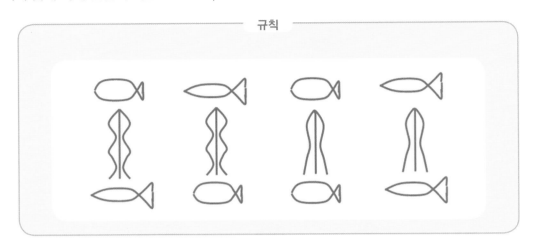

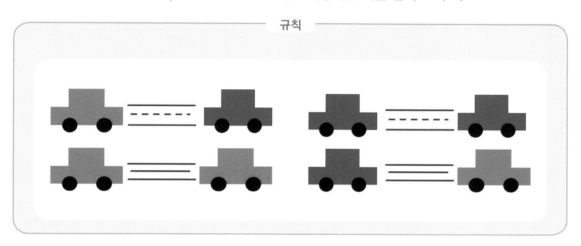

11) 규칙을 찾아요 ★ ★ ★

👁 〈규칙〉에서는 도로의 모양과 자동차의 색을 동시에 고려해야 합니다. 규칙에 맞게 빈칸 안에 는 도로의 모양을 그려 보고, 색이 칠해져 있지 않은 자동차는 색을 칠해 보세요.

규칙

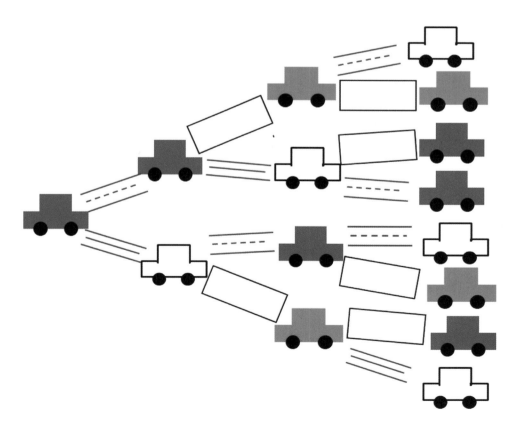

바. 도형의 회전 및 대칭

 1) 뒤집거나 돌리거나 ★ ★ ★

◉ 보기처럼, 왼쪽의 색막대를 지시에 따라 회전시키면 어떤 모양이 나올지 색칠해 보세요.

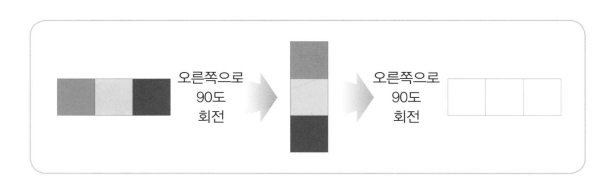

2) 뒤집거나 돌리거나 ★ ★ ★

◉ 보기처럼, 왼쪽의 색막대를 지시에 따라 회전시키면 어떤 모양이 나올지 색칠해 보세요.

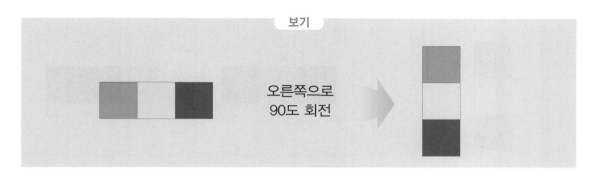

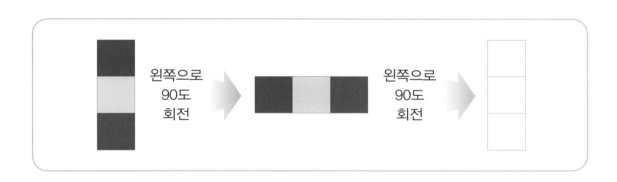

3) 뒤집거나 돌리거나

👁 보기의 색막대를 지시에 따라 회전시키면 어떤 모양이 나올지 오른쪽에서 찾아보세요.

보기 1

〈지시 1〉

왼쪽으로 90도
회전시키세요.

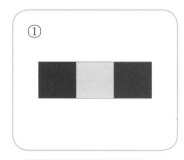

① ②

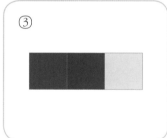

③ ④

보기 2

〈지시 2〉

왼쪽으로 90도
회전시키세요.

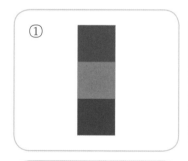

① ②

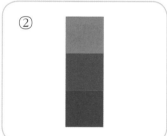

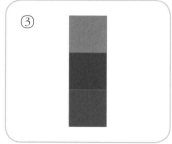

③ ④

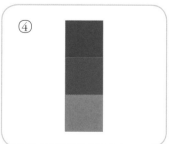

4) 뒤집거나 돌리거나 ★★★

보기의 색막대를 지시에 따라 회전시키면 어떤 모양이 나올지 오른쪽에서 찾아보세요.

보기 1

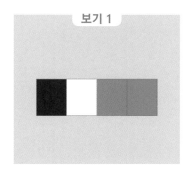

〈지시 1〉

오른쪽으로 90도
회전시키세요.

①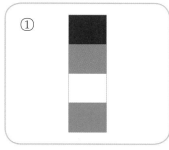

②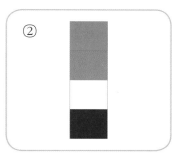

③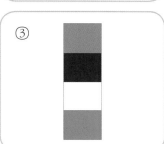

④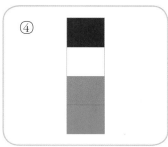

보기 2

〈지시 2〉

오른쪽으로 90도
회전시키세요.

①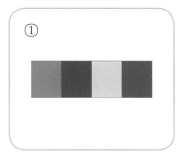

②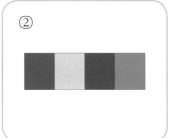

③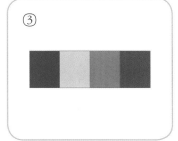

④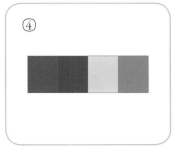

바. 도형의 회전 및 대칭 **111**

5) 뒤집거나 돌리거나

◉ 어느 방향으로든 회전시켰을 때 〈문제〉 칸 안에 들어 있는 모양과 똑같은 것을 3개 중에서 골라 보세요.

〈문제 1〉

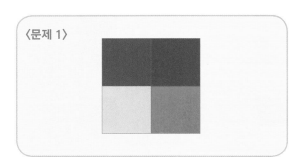

① 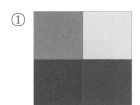   ② 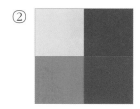   ③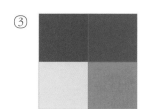

〈문제 2〉

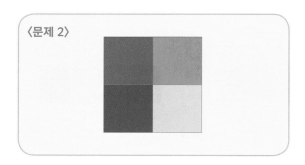

① 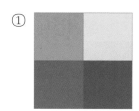   ②    ③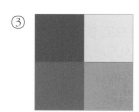

🌱 6) 뒤집거나 돌리거나 ★★★

◉ 동물들이 놀이공원에서 대관람차를 탔습니다. 다음 그림을 잘 보고 아래 질문들에 답해 보세요.

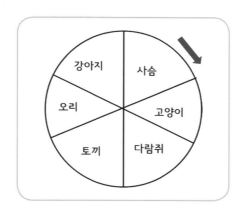

1) 회전하는 방향으로 강아지의 두 칸 옆에 탄 동물은 누구인가요?

2) 사슴이 다람쥐의 위치에 간다면 사슴의 위치로 오게 되는 동물은 누구인가요?

3) 고양이가 오리의 위치에 간다면 토끼는 어디로 가게 될까요?

◉ 다음은 회전하는 식탁을 위에서 본 모습입니다. 그림을 잘 보고 아래 질문들에 답해 보세요.

1) 회전하는 반대방향으로 떡의 세 칸 옆에 놓인 음식은 무엇인가요?

2) 쿠키가 과일의 위치에 간다면 케이크의 위치에 오게 되는 음식은 무엇인가요?

3) 빵이 치킨의 위치에 가게 된다면 피자는 어디로 가게 될까요?

바. 도형의 회전 및 대칭 **113**

1) 반쪽을 찾아 주세요 ★ ★ ★

👁 점선을 따라 종이를 반으로 접었어요. 왼쪽 부분과 똑같이 오른쪽에 나머지 부분을 그려 보아요.

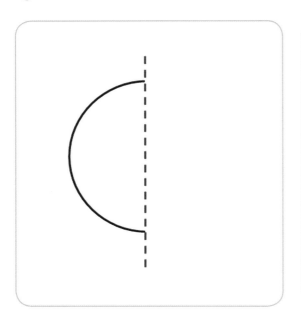

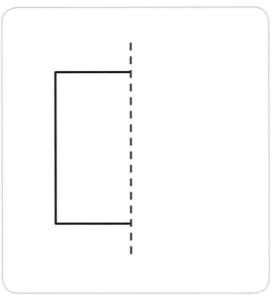

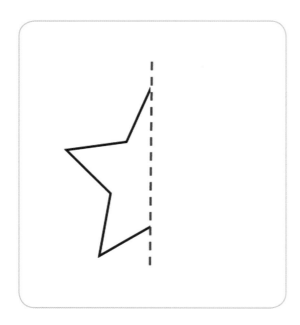

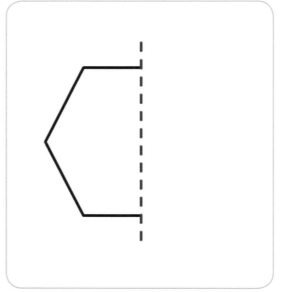

2) 반쪽을 찾아 주세요 ★ ★ ★

◉ 가운데 선을 기준으로, 왼쪽 모양과 똑같은 모양을 오른쪽에 그려 보세요.

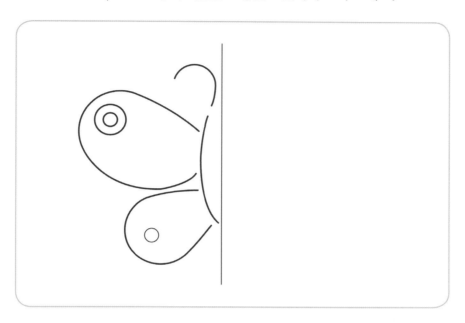

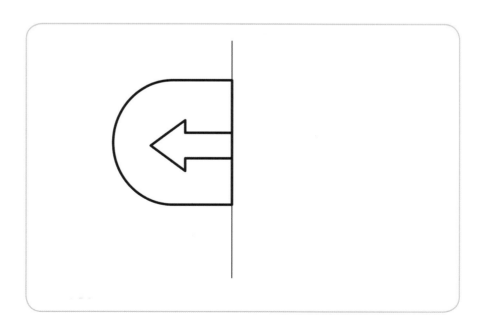

3) 반쪽을 찾아 주세요

◉ 가운데 굵은 선을 기준으로 접었을 때, 왼쪽과 오른쪽이 겹치게 되어 있습니다(데칼코마니).
한쪽의 모양과 똑같은 모양을 다른 쪽에 그려 보세요.

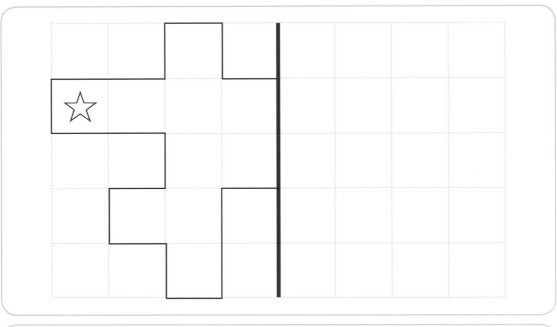

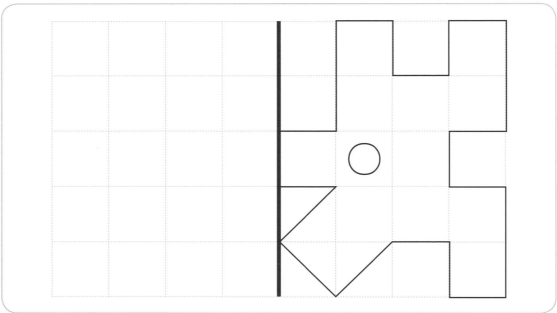

4) 반쪽을 찾아 주세요 ★ ★ ★

◉ 가운데 굵은 선을 기준으로 접었을 때, 위쪽과 아래쪽이 겹치게 되어 있습니다(데칼코마니). 한쪽의 모양과 똑같은 모양을 다른 쪽에 그려 보세요.

1

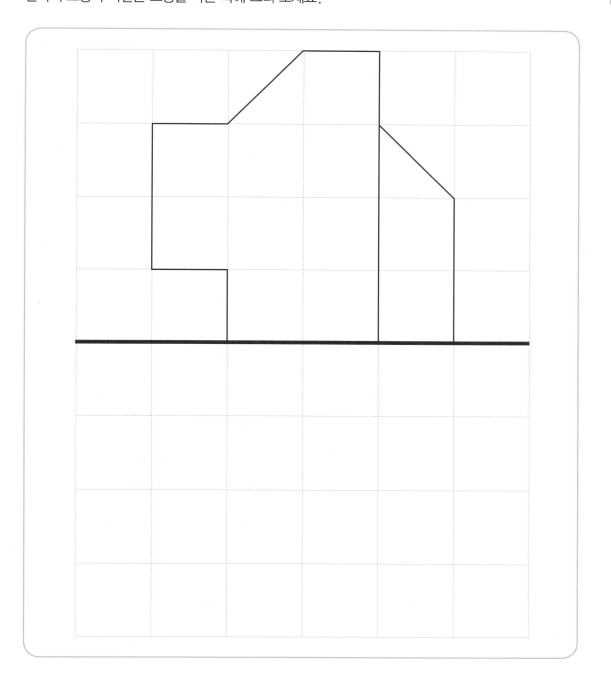

가운데 선을 기준으로, 왼쪽 모양과 똑같은 모양을 오른쪽에 그려 보세요.

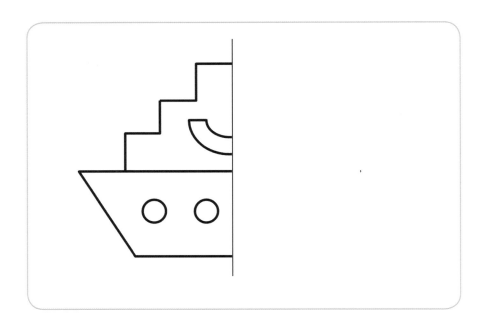

6) 반쪽을 찾아 주세요 ★★★

◉ 다음 여러 모양의 쿠키를 혜미와 수정이가 나누어 먹으려고 합니다. 쿠키를 어떻게 자르면 두 명이 똑같은 양을 나누어 먹을 수 있는지 적절하게 나누어진 것을 모두 찾아보세요.

👁 아래의 9개의 도형들은 대칭을 이룹니다.
각 도형마다 대칭이 될 수 있도록 가능한 선을 모두 그어 보세요.

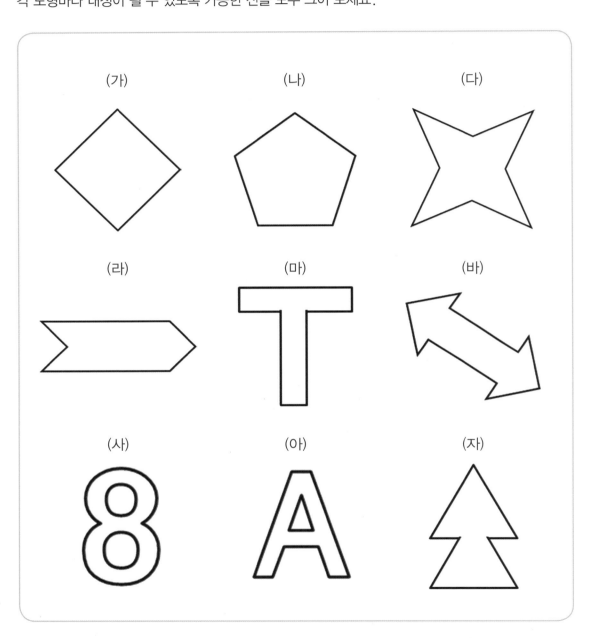

8) 반쪽을 찾아 주세요 ★ ★ ★

◉ 가운데 굵은 선을 기준으로 접었을 때, 왼쪽과 오른쪽이 겹치게 되어 있습니다(데칼코마니). 한쪽의 모양과 똑같은 모양을 다른 쪽에 그려 보세요.

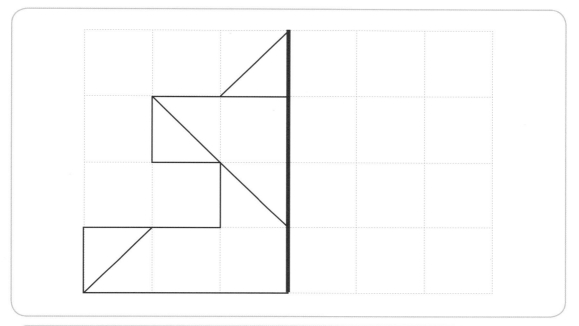

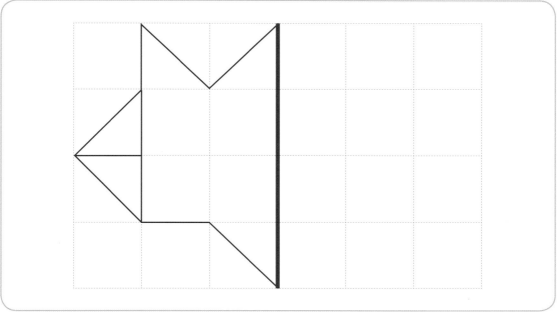

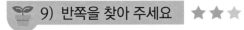

9) 반쪽을 찾아 주세요 ★★★

가운데 굵은 선을 기준으로 접었을 때, 위쪽과 아래쪽이 겹치게 되어 있습니다(데칼코마니). 한쪽의 모양과 똑같은 모양을 다른 쪽에 그려 보세요.

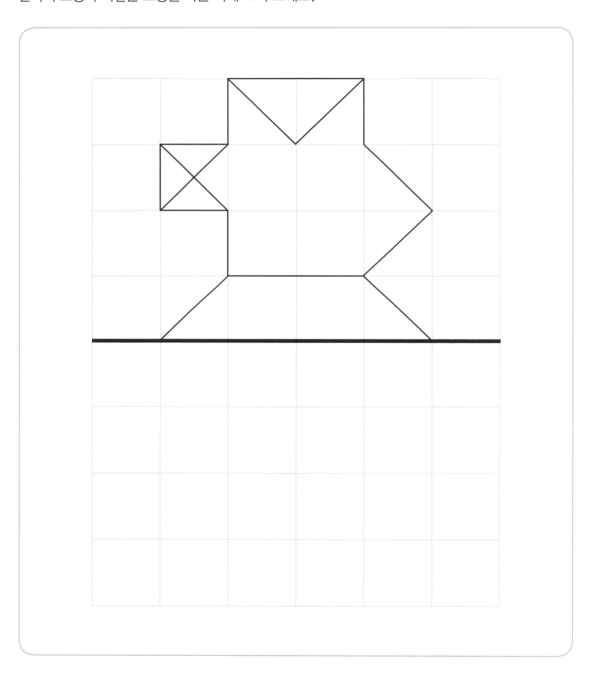

10) 반쪽을 찾아 주세요 ★★★

◉ 왼쪽의 그림은 어떤 그림을 반으로 접어 놓은 것입니다.
그림을 펼치면 어떤 그림이 나올지 오른쪽의 〈보기〉에서 골라 동그라미 하세요.

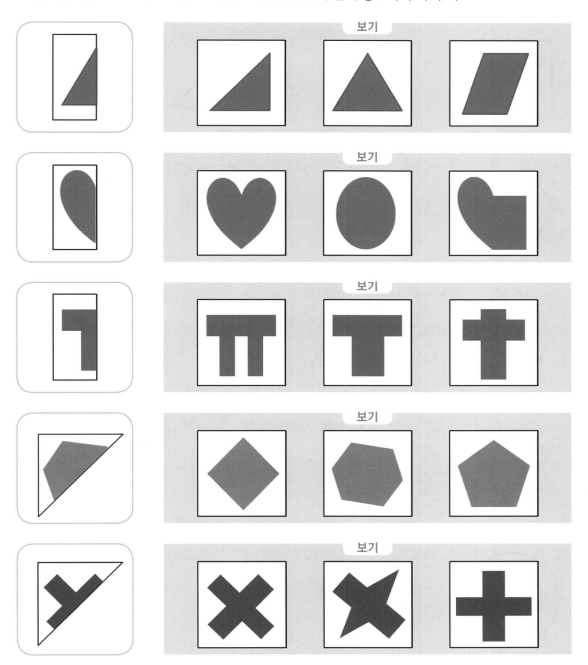

◉ 왼쪽 그림을 어떤 방향으로든 대칭이 되도록 반으로 접었을 때 나올 수 <u>없는</u> 그림을 오른쪽 〈보기〉에서 골라 보세요.

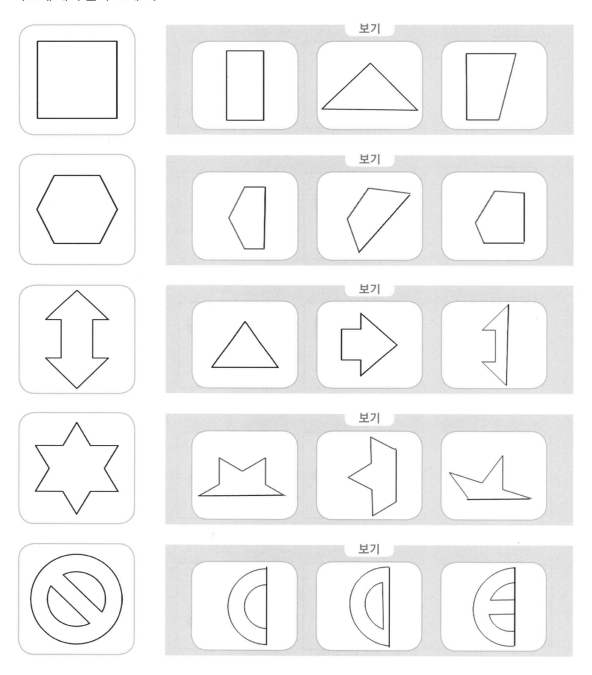

12) 반쪽을 찾아 주세요

● 부엉이의 나머지 반쪽을 오른쪽 칸에 그려 주세요.
왼쪽과 오른쪽이 완벽하게 똑같지 않더라도, 최대한 똑같게 그려 보세요.

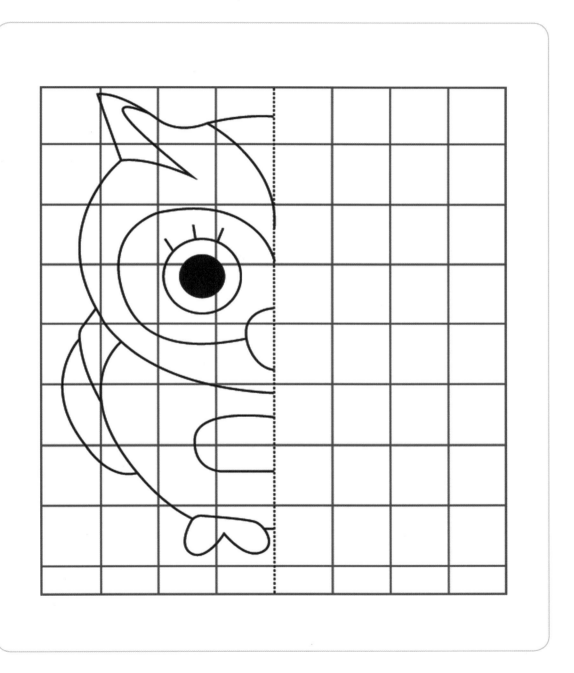

13) 반쪽을 찾아 주세요 ★ ★ ★

◉ 가운데 굵은 선을 기준으로 접었을 때, 왼쪽과 오른쪽이 겹치게 되어 있습니다(데칼코마니).
한쪽의 모양과 똑같은 모양을 다른 쪽에 그려 보세요.

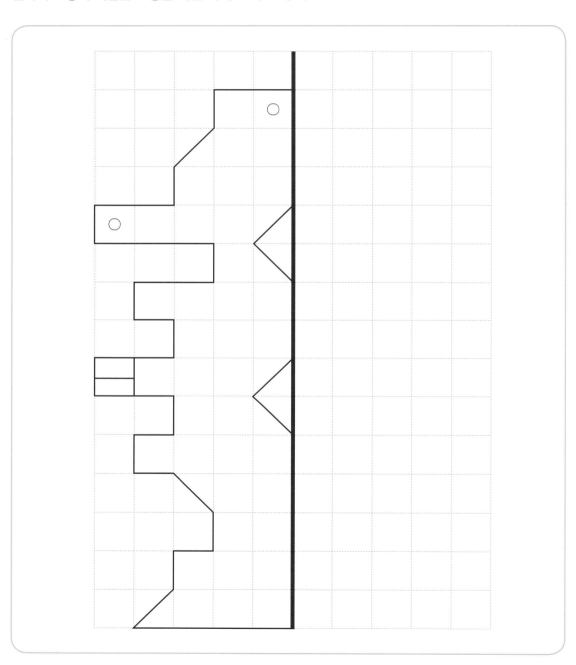

14) 반쪽을 찾아 주세요 ★ ★ ★

가운데 굵은 선을 기준으로 접었을 때, 왼쪽과 오른쪽이 겹치게 되어 있습니다(데칼코마니).
한쪽의 모양과 똑같은 모양을 다른 쪽에 그려 보세요.

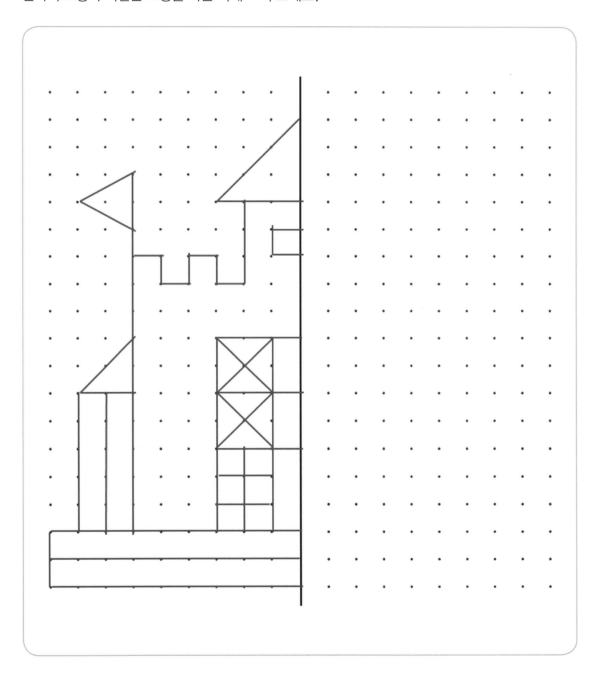

15) 반쪽을 찾아 주세요 ★★★

가운데 굵은 선을 기준으로 접었을 때, 위쪽과 아래쪽이 겹치게 되어 있습니다(데칼코마니). 한쪽의 모양과 똑같은 모양을 다른 쪽에 그려 보세요.

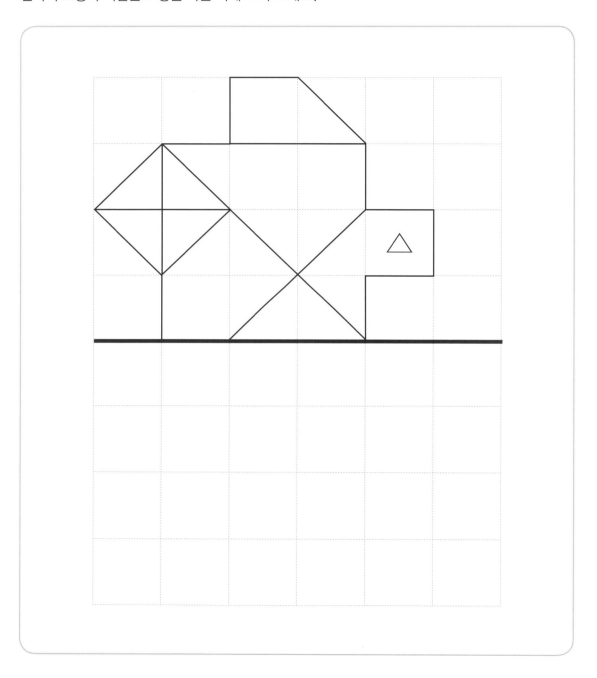

16) 반쪽을 찾아 주세요 ★★★

👁 가운데 굵은 선을 기준으로 접었을 때, 위쪽과 아래쪽이 겹치게 되어 있습니다(데칼코마니).
한쪽의 모양과 똑같은 모양을 다른 쪽에 그려 보세요.

1

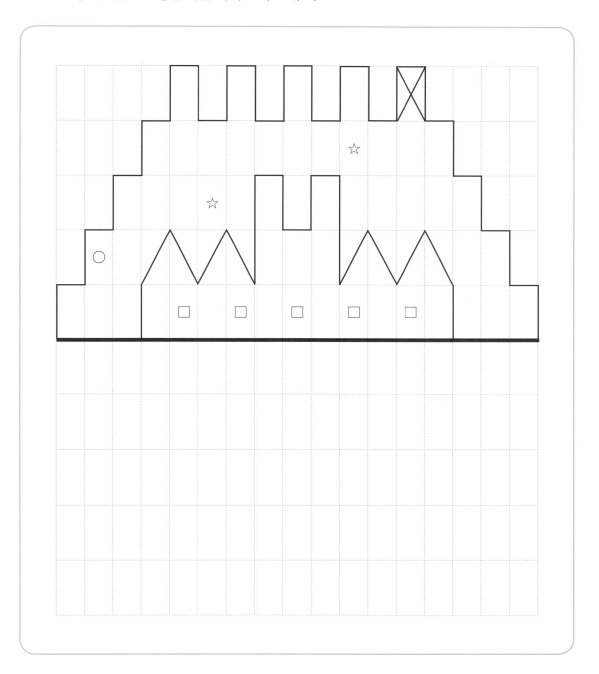

17) 반쪽을 찾아 주세요 ★ ★ ★

⦿ 〈예시〉를 참고하여 다음 그림들 중 양쪽이 똑같은 모양이 되도록(대칭으로) 반으로 접을 수 있는 것에는 어떻게 접으면 되는지 선을 그어 표시해 보고, 양쪽이 똑같은 모양이 되도록 접을 수 없는 것에는 ✕ 로 표시해 보세요.

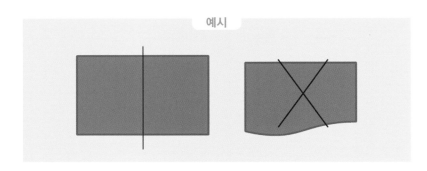

🌱 **1) 무엇이 될까요?** ★ ★ ★

◉ 다음과 같이 종이를 반으로 접어서 자른 후 펼쳤을 때, 어떤 모양이 나올지 알맞은 것을 찾아 연결해 보세요.

1

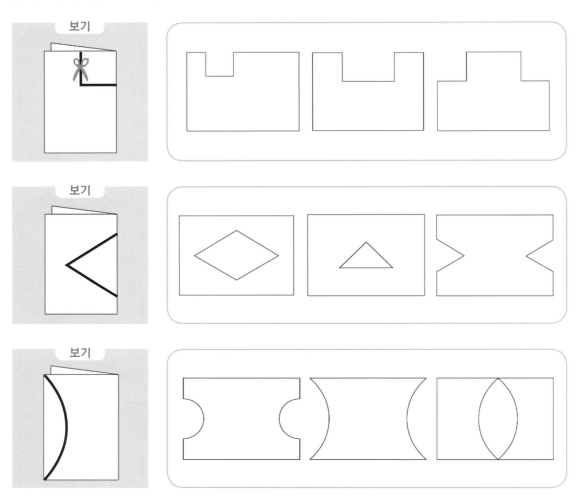

🌱 2) 무엇이 될까요? ★ ★ ★

👁 〈보기〉의 그림처럼 종이를 반으로 접은 후 굵은 선을 따라 오리면, 펼쳤을 때 어떤 모양이 나올지 오른쪽에서 찾아서 동그라미 하세요.

🌱 3) 무엇이 될까요? ⭐ ⭐ ⭐

◉ 〈보기〉의 그림처럼 종이를 반으로 접은 후 굵은 선을 따라 오리면, 펼쳤을 때 어떤 모양이 나올지 오른쪽에서 찾아서 동그라미 하세요.

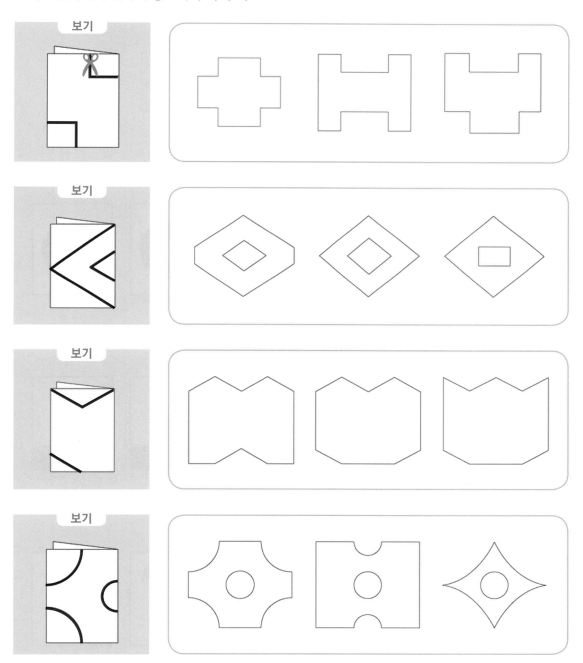

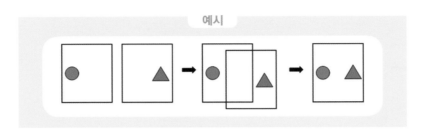

🌱 4) 무엇이 될까요? ★ ★ ★

◉ 왼쪽의 두 그림을 〈예시〉와 같이 위아래로 겹치면 어떤 결과물이 나올지 〈보기〉에서 각각 골라 보세요.

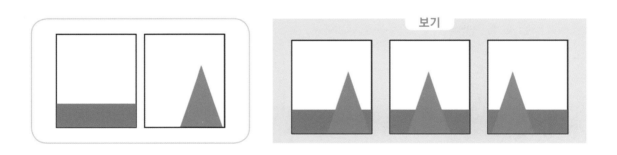

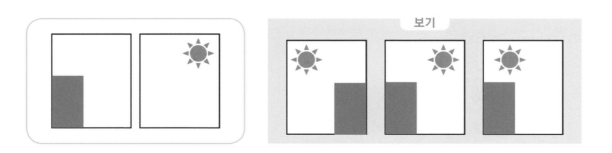

5) 무엇이 될까요? ★ ★ ★

왼쪽의 두 그림을 〈예시〉와 같이 반으로 접듯이 겹치면 어떤 결과물이 나올지 〈보기〉에서 각각 골라 보세요.

예시

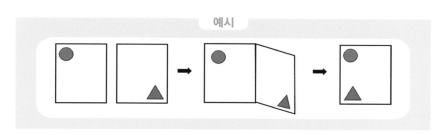

보기

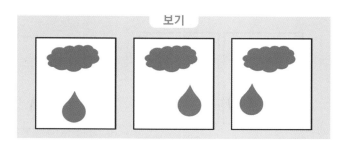

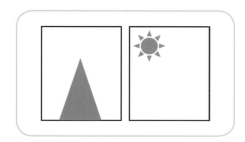

보기

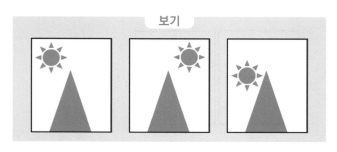

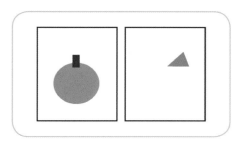

보기

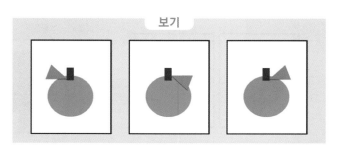

🌱 6) 무엇이 될까요? ★ ★ ★

◉ 왼쪽의 두 그림을 〈예시〉와 같이 <u>위아래로 겹치면</u> 어떤 결과물이 나올지 〈보기〉에서 각각 골라 보세요.

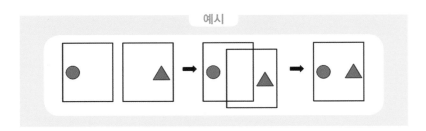

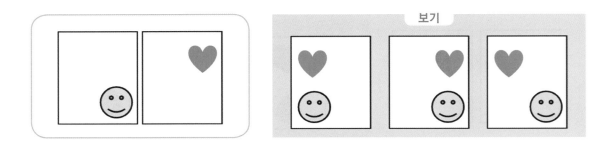

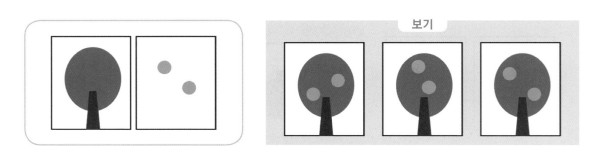

7) 무엇이 될까요? ★★★

● 왼쪽의 두 그림을 〈예시〉와 같이 <u>반으로 접듯이 겹치면</u> 어떤 결과물이 나올지 〈보기〉에서 각각 골라 보세요.

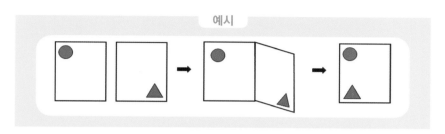

예시

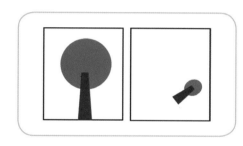 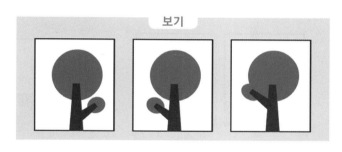

보기

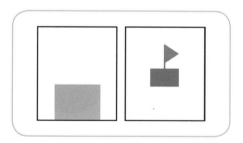 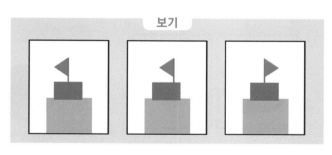

보기

보기

바. 도형의 회전 및 대칭 **137**

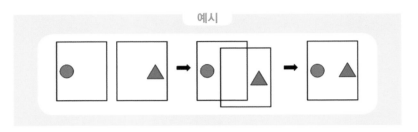

🌱 8) 무엇이 될까요? ★ ★ ★

◉ 왼쪽의 두 그림을 〈예시〉와 같이 위아래로 겹치면 어떤 결과물이 나올지 〈보기〉에서 각각 골라
보세요.

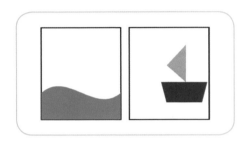

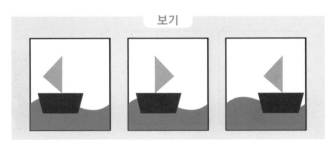

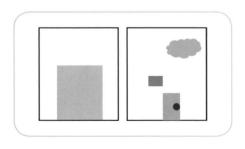

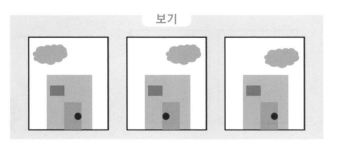

1

🌱 9) 무엇이 될까요? ★ ★ ★

◉ 왼쪽의 두 그림을 〈예시〉와 같이 <u>반으로 접듯이 겹치면</u> 어떤 결과물이 나올지 〈보기〉에서 각각 골라 보세요.

예시

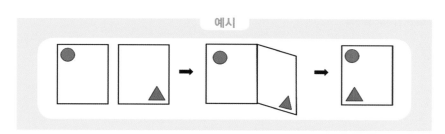

보기

보기

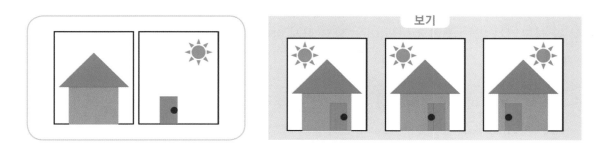

보기

사. 측정하기

 1) 얼마나 될까요? ★ ★ ★

◉ 다음은 물고기가 사는 바다의 깊이를 나타낸 것입니다. 그림을 보고 아래 질문에 답해 보세요.

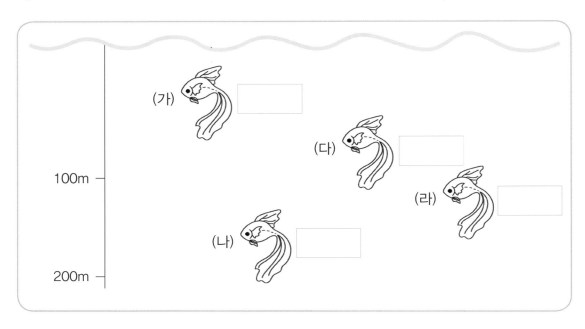

1) 가장 깊은 곳에 있는 물고기의 기호를 적으세요.

2) 가장 얕은 곳에 있는 물고기의 기호를 적으세요.

3) 물고기가 깊은 곳에 있는 순서대로 물고기의 기호를 적으세요.

4) 각 물고기가 있는 곳의 깊이는 어느 정도 될지 아래 보기에서 골라서 위 그림의 □에 적어 보세요. 〈보기: 50m, 70m, 120m, 155m〉

5) 수심이 100m 이상인 곳에서 살 수 있거나 볼 수 있는 물고기는 어떤 것이 있는지 기호를 모두 적어 보세요.

2) 얼마나 될까요? ★ ★ ★

 다음 그림을 보고, 아래 질문에 답해 보세요.

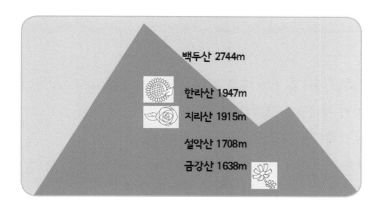

백두산 2744m
한라산 1947m
지리산 1915m
설악산 1708m
금강산 1638m

1) 가장 <u>높은</u> 산의 이름과 높이는 얼마인지 적어 보세요.

2) 가장 <u>낮은</u> 산의 이름과 높이는 얼마인지 적어 보세요.

3) 다음의 꽃들을 볼 수 있는 산은 각각 어느 산이고, 몇 미터인가요?

<u>코스모스</u> ▶	산 ▶	m
해바라기 ▶	산 ▶	m
장　　미 ▶	산 ▶	m

4) 그림에 있는 산의 이름과 높이를 외워 볼까요?

2. 그림맞추기

〈지도방법〉

- 구체적인(concrete) 자극을 먼저 다룬 후 추상적인(abstract) 자극으로 발전시킵니다.
- 특정 기준에 따라 자극들을 조직화합니다.
- 부분과 전체의 관계성을 지각할 수 있도록 합니다.
- 입체적인 사물을 머릿속에 그려 볼 수 있는 활동을 합니다.
- 머릿속에서 그려진 물체를 회전시켜 보는 활동을 합니다.
- 각도를 이해할 수 있는 활동을 합니다.
- 다양한 수준의 퍼즐을 단순한 것에서 복잡한 것으로 합니다.
- 제한 시간 내 모양에 따라 물체를 분류합니다.
- 불완전한 기하학적 디자인이나 물체(figure)를 포함한 워크시트를 완성합니다.
- 적절한 조각들을 사용하여 카드에 제시된 디자인을 다시 만듭니다.
- 성냥개비, 막대기, 페그보드, 타일 등의 재료를 사용하여 견본으로 주어진 디자인을 다시 만듭니다.
- 점선 잇기 활동을 합니다.
- 각종 퍼즐을 조립합니다.
- 전경−배경 활동에서 숨은그림찾기를 합니다.
- 모형, 모자이크, 패턴, 구슬 패턴 조립을 합니다.
- 여러 가지 색깔의 블록과 퍼즐을 사용하여 복잡한 디자인을 다시 만듭니다.

1) 완성해 주세요 ★ ★ ★

◉ 조각들을 잘라서 〈보기〉처럼 알록달록한 돛단배를 만들어 보세요.

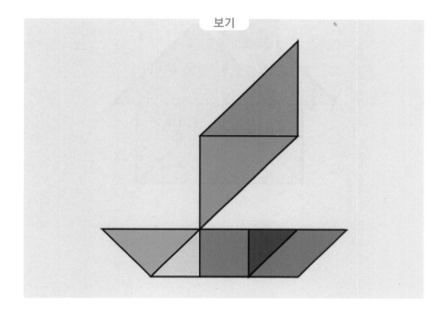

보기

2) 완성해 주세요 ★ ★ ★

◉ 조각들을 잘라서 〈보기〉처럼 알록달록한 집을 만들어 보세요.

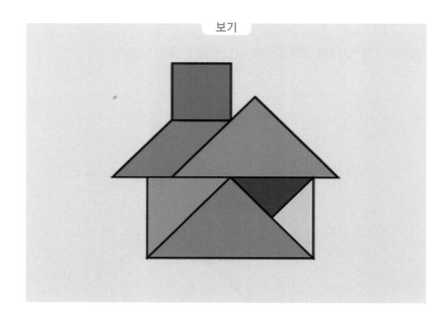

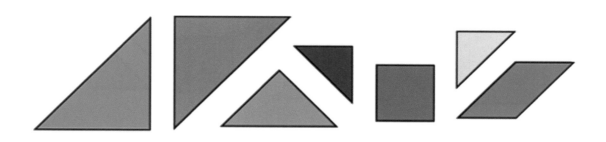

3) 완성해 주세요 ★ ★ ★

◎ 조각들을 잘라서 〈보기〉처럼 알록달록한 돛단배를 만들어 보세요.

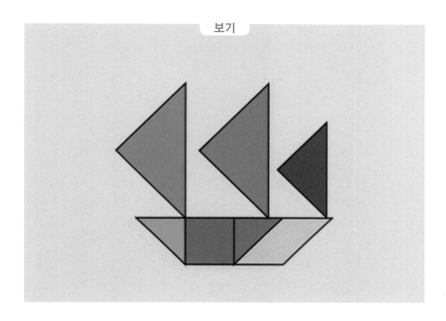

보기

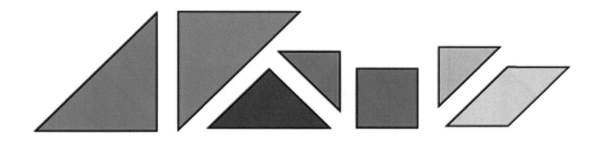

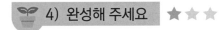

◉ 조각들을 잘라서 〈보기〉처럼 알록달록한 돛단배를 만들어 보세요.

보기

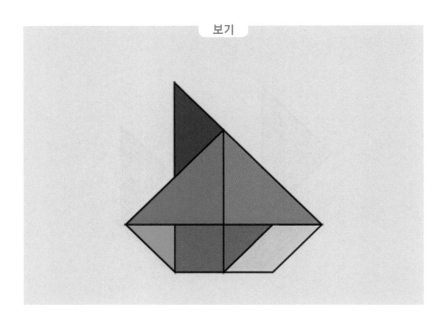

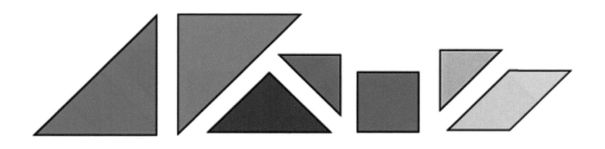

5) 완성해 주세요 ★ ★ ★

◉ 다음 조각들을 잘 맞추면 연필 세 자루를 만들 수 있습니다. 잘 보고 어떤 조각들을 합쳐야 연필을 완성할 수 있을지, 각각의 조각에 ◯ , ☐ , △ 로 표시해 보세요.

2

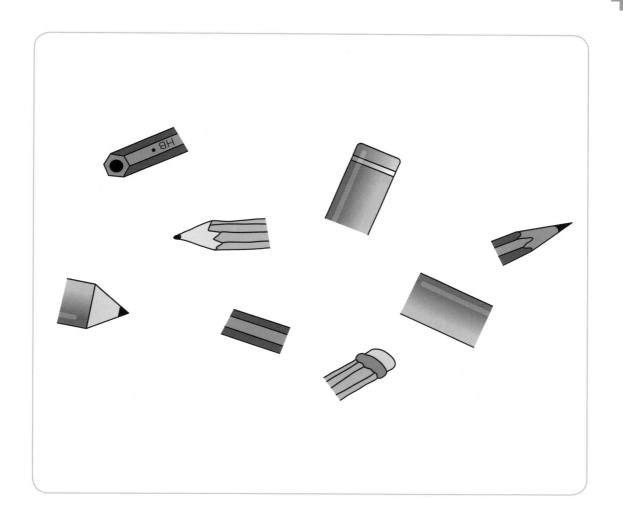

◉ 다음 조각들을 잘 맞추면 공 세 개를 만들 수 있습니다. 잘 보고 어떤 조각들을 합쳐야 공을 완성할 수 있을지, 각각의 조각에 ○ , □ , △ 로 표시해 보세요.

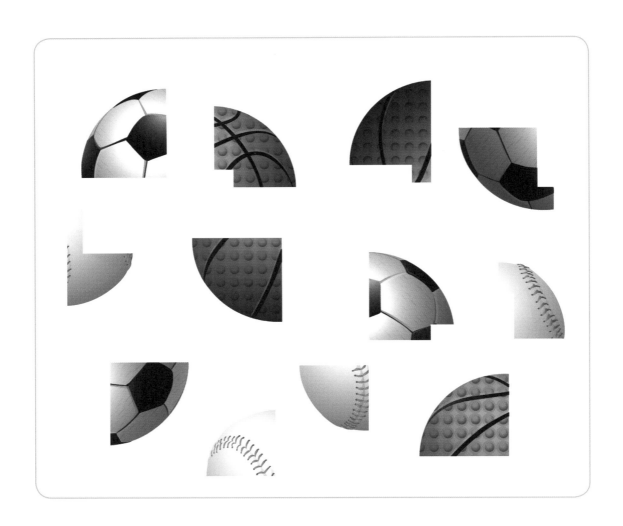

7) 완성해 주세요 ★ ★ ★

◉ 다음 조각들을 잘 맞추면 과자봉지 세 개를 만들 수 있습니다. 잘 보고 어떤 조각들을 합쳐야 과자봉지를 완성할 수 있을지, 각각의 조각에 ◯ , □ , △ 로 표시해 보세요.

2

8) 완성해 주세요 ★ ★ ★

◉ 조각들을 잘라서 〈보기〉처럼 낙타의 모습을 만들어 보세요.

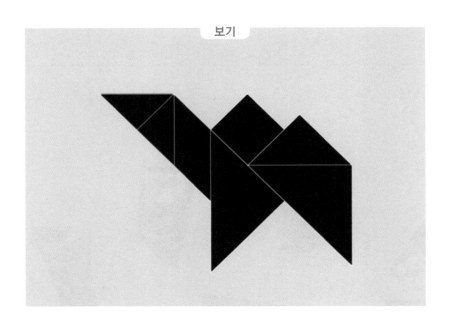

보기

9) 완성해 주세요 ★ ★ ★

◉ 조각들을 잘라서 〈보기〉처럼 사람의 모습을 만들어 보세요.

보기

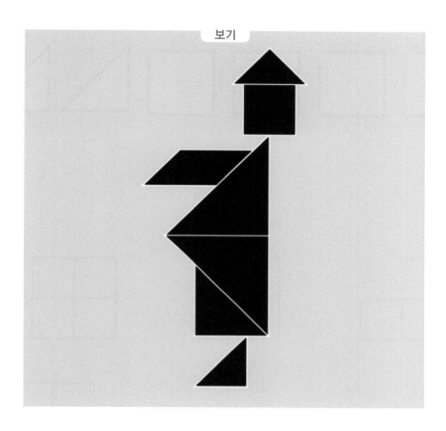

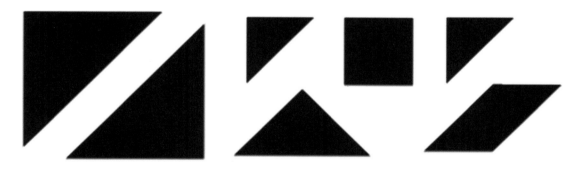

다음 〈보기〉의 도형들을 사용하여 만들 수 <u>없는</u> 모양을 아래에서 <u>모두</u> 골라 보세요.

보기

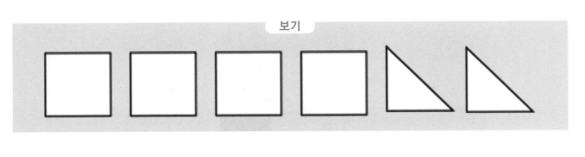

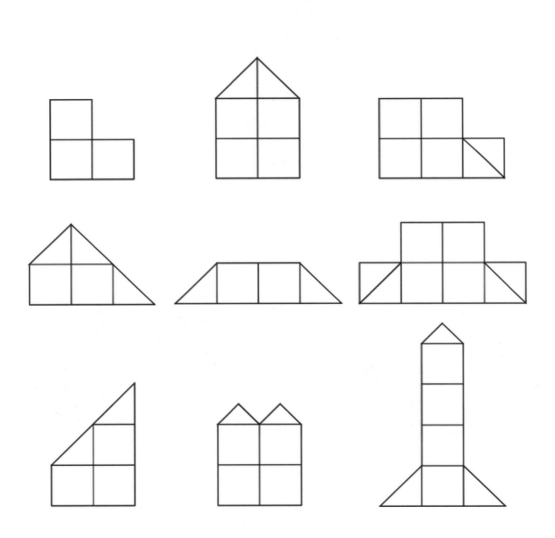

11) 완성해 주세요

 다음 그림은 어떤 퍼즐이 완성된 그림입니다. 이 그림을 퍼즐 조각으로 나누어 놓았을 때 어떤 조각들이 필요한지 아래에서 모두 골라 보세요.

◉ 다음 조각들을 잘 맞추면 시계 세 개를 만들 수 있습니다. 잘 보고 어떤 조각들을 합쳐야 시계를 완성할 수 있을지, 각각의 조각에 ◯ , ▢ , △ 로 표시해 보세요.

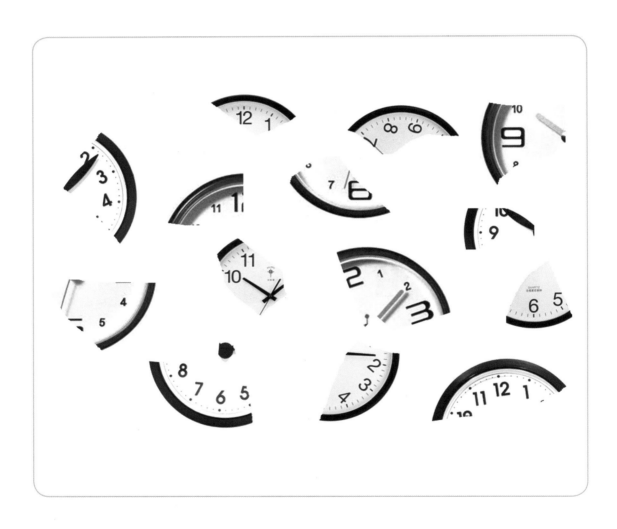

13) 완성해 주세요 ★★★

⊙ 아래의 조각들을 오려 붙여서 다음에 제시된 그림과 같이 만들어 보세요.

2

◉ 아래의 조각들을 오려 붙여서 다음에 제시된 그림과 같이 만들어 보세요.

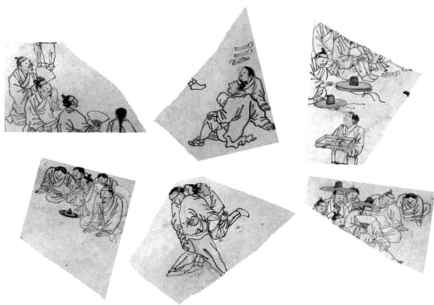

15) 완성해 주세요 ★★★

◉ 다음 〈보기〉의 도형들을 사용하여 만들 수 <u>없는</u> 모양을 아래에서 <u>모두</u> 골라 보세요.

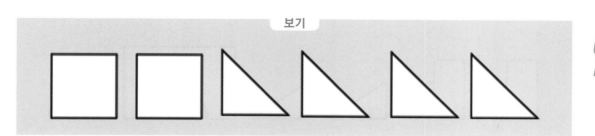

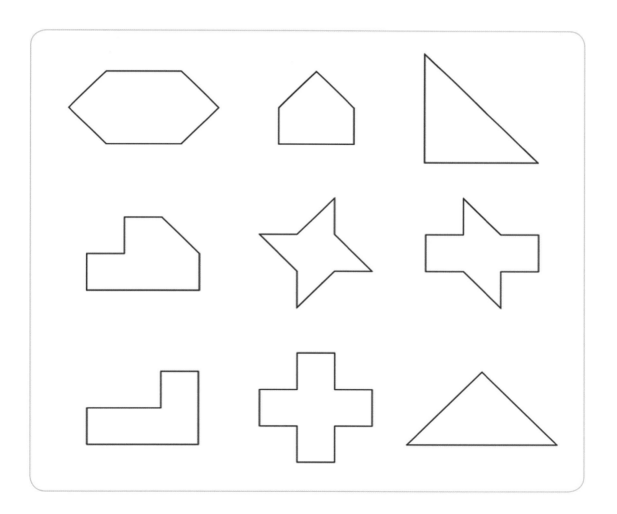

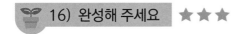

◉ 다음 〈보기〉의 도형들을 사용하여 만들 수 <u>없는</u> 모양을 아래에서 <u>모두</u> 골라 보세요.

보기

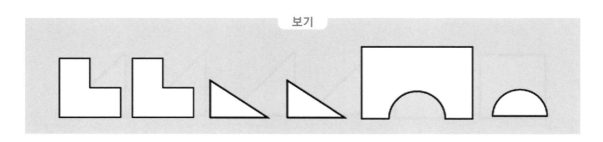

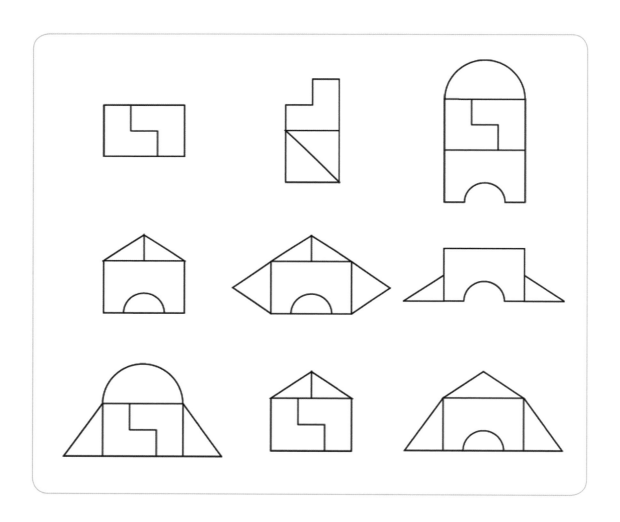

17) 완성해 주세요 ★ ★ ★

◉ 다음 〈보기〉의 도형들을 사용하여 만들 수 <u>없는</u> 모양을 아래에서 <u>모두</u> 골라 보세요.

보기

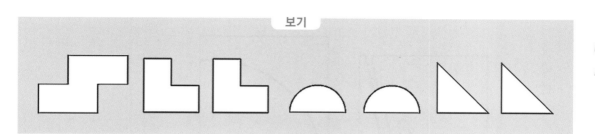

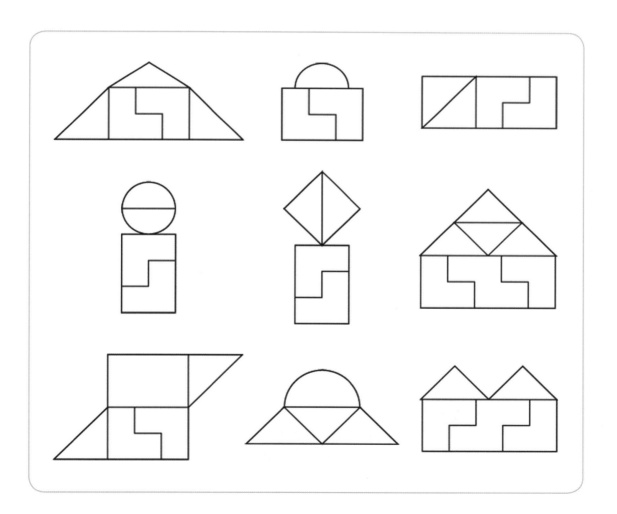

다음 섞여 있는 조각들을 맞추어 완성하였을 때 무엇이 나올지 각각 적어 보세요.

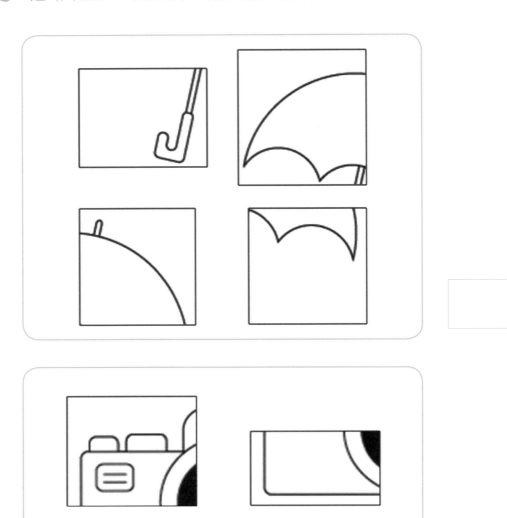

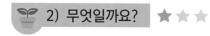 2) 무엇일까요? ★ ★ ★

👁 다음 섞여 있는 조각들을 맞추어 완성하였을 때 어떤 동물이 나올지 각각 적어 보세요.

◉ 왼쪽에 있는 도형들을 겹치면, 어떤 모양이 나올까요? 오른쪽에서 찾아 연결해 보세요.

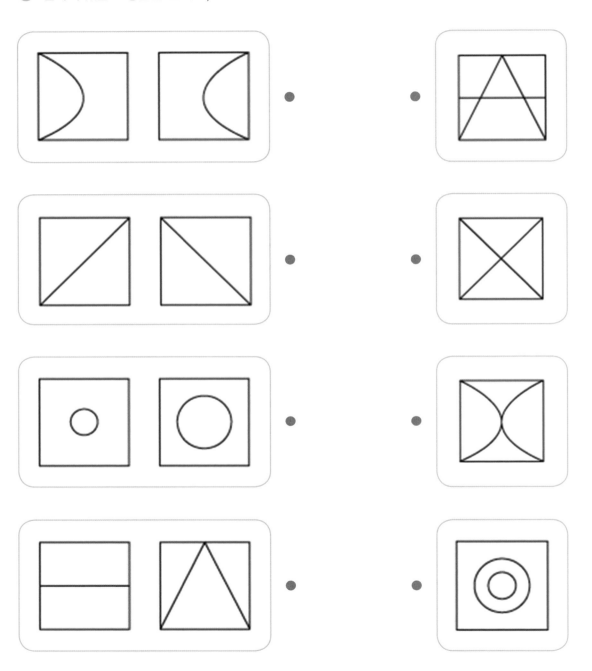

◉ 왼쪽에 있는 도형들을 겹치면, 어떤 모양이 나올까요? 오른쪽의 〈보기〉에서 찾아 동그라미 하세요.

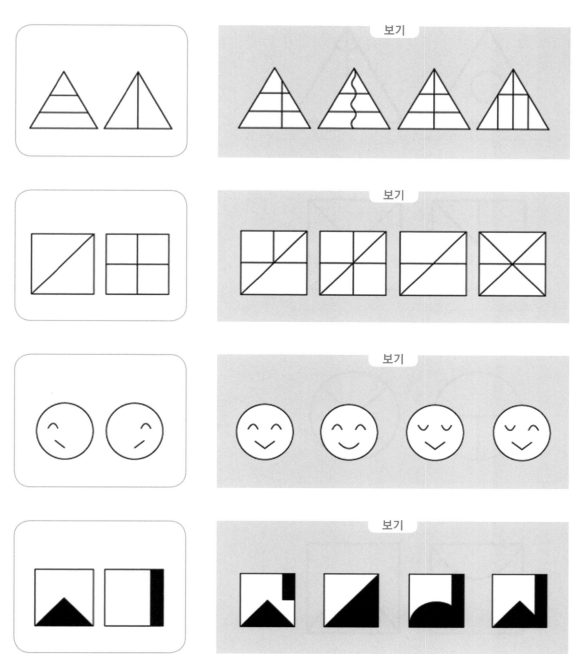

👁 왼쪽에 있는 도형들을 겹치면 어떤 모양이 나올까요? 오른쪽에 직접 그려 보세요.

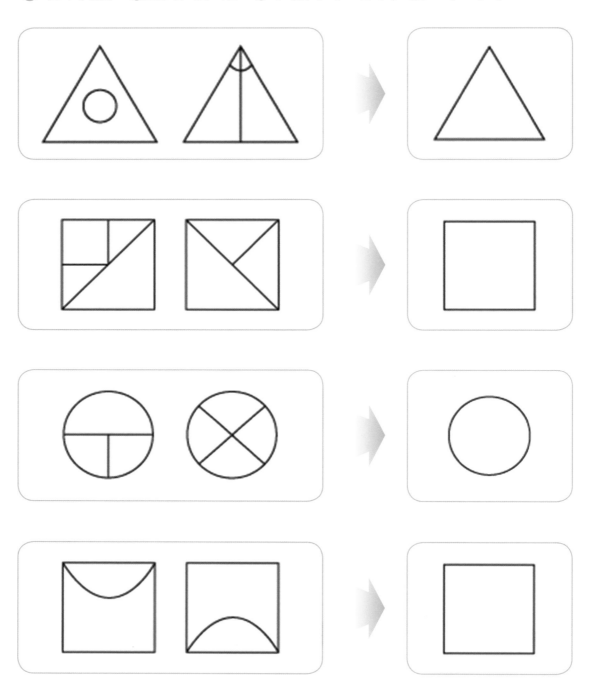

6) 무엇일까요? ★ ★ ★

◉ 왼쪽에 있는 도형들을 겹치면, 어떤 모양이 나올까요? 오른쪽에서 찾아 연결해 보세요.

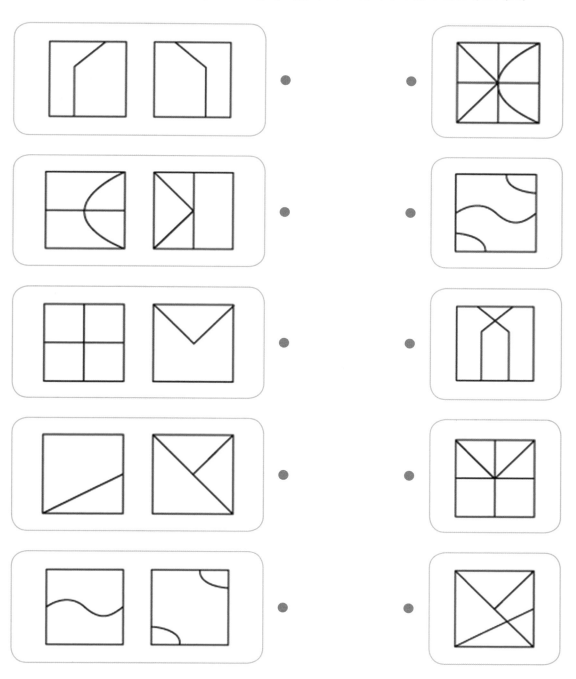

◉ 왼쪽에 있는 도형들을 겹치면 어떤 모양이 나올까요? 오른쪽에 직접 그려 보세요.

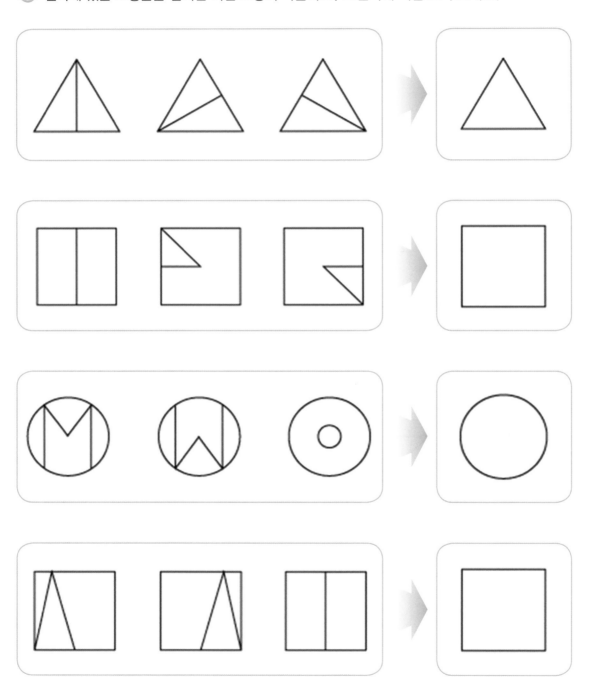

8) 무엇일까요? ★ ★ ★

◉ 왼쪽에 있는 도형들을 겹치면, 어떤 모양이 나올까요? 오른쪽에서 찾아 연결해 보세요.

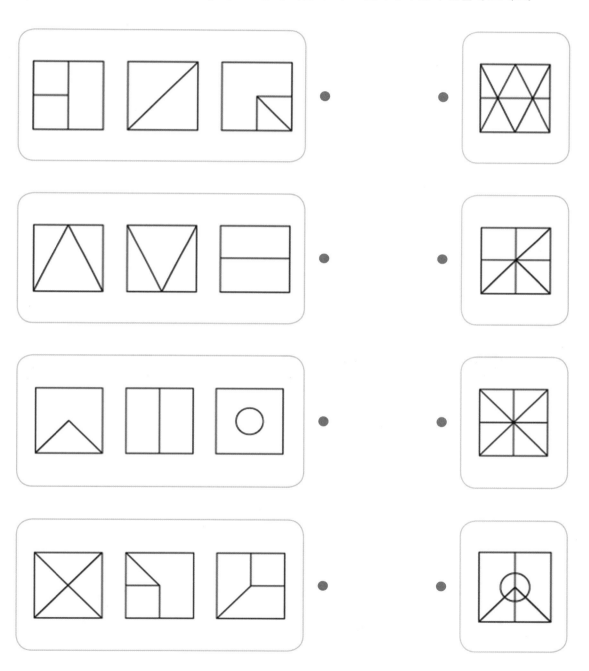

🌱 1) 필요한 것은 무엇일까요? ★ ★ ★

◉ 다음 왼쪽 〈보기〉의 그림을 완성하기 위해 필요한 조각을 오른쪽에서 각각 2개씩 골라 동그라미 하세요.

보기

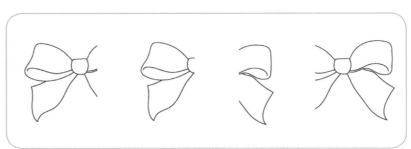

보기

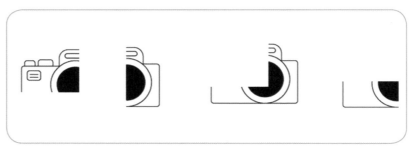

보기

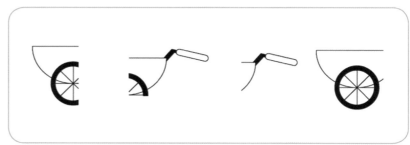

◉ 다음 왼쪽 〈보기〉의 그림을 완성하기 위해 필요한 조각을 오른쪽에서 각각 2개씩 골라 동그라미 하세요.

보기

보기

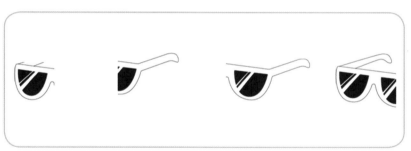

보기

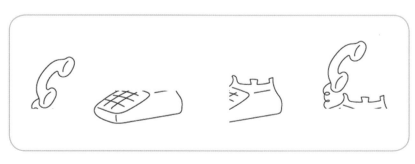

3) 필요한 것은 무엇일까요? ★ ★ ★

◉ 〈보기〉에 있는 도형을 만드는 데 필요한 조각들을 오른쪽에서 모두 찾아보세요.

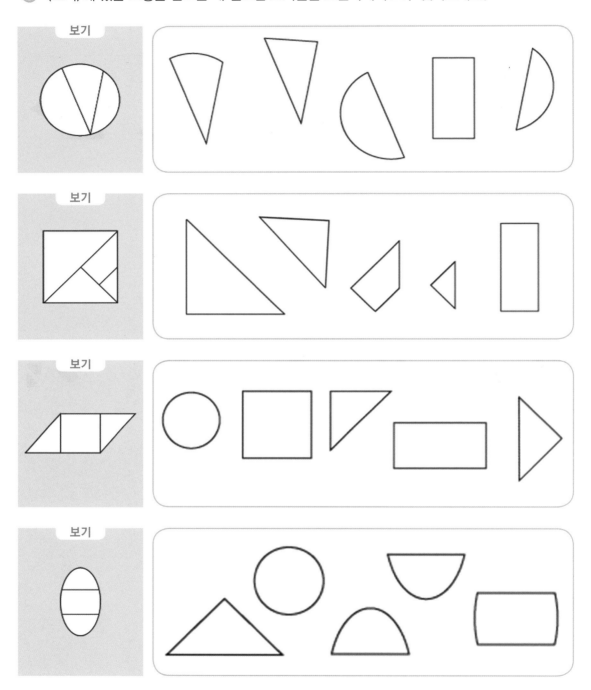

보기

4) 필요한 것은 무엇일까요?

〈보기〉에 있는 도형을 만드는 데 필요한 조각들을 오른쪽에서 모두 찾아보세요.

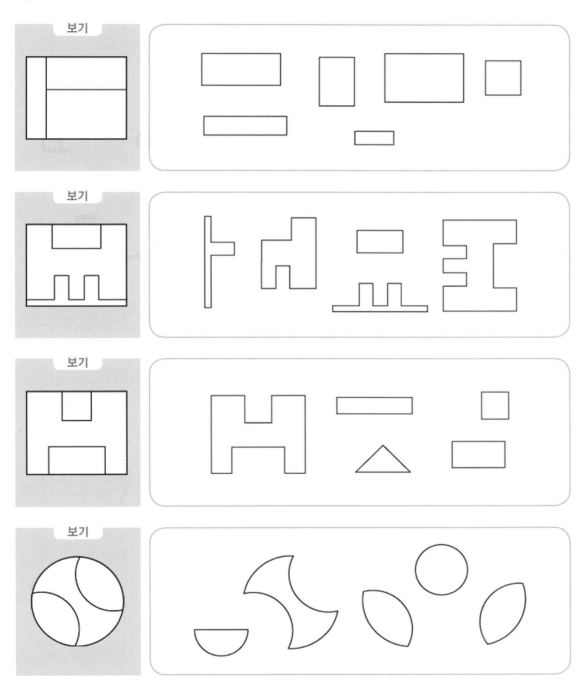

◉ 다음 왼쪽 〈보기〉의 그림을 완성하기 위해 필요한 조각을 오른쪽에서 각각 3개씩 골라 동그라미 하세요.

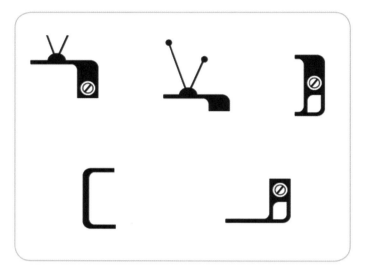

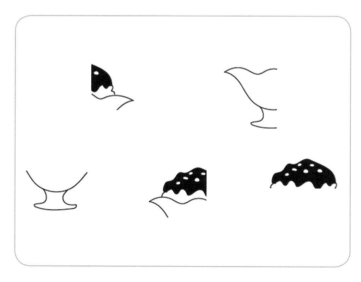

6) 필요한 것은 무엇일까요?

다음 왼쪽 〈보기〉의 그림을 완성하기 위해 필요한 조각을 오른쪽에서 각각 <u>3개씩</u> 골라 동그라미 하세요.

보기

보기

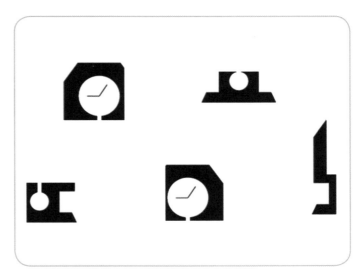

◉ 다음 왼쪽 〈보기〉의 그림을 완성하기 위해 필요한 조각을 오른쪽에서 각각 <u>3개씩</u> 골라 동그라미 하세요.

보기

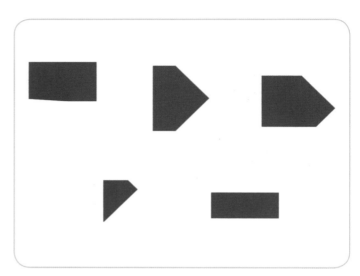

보기

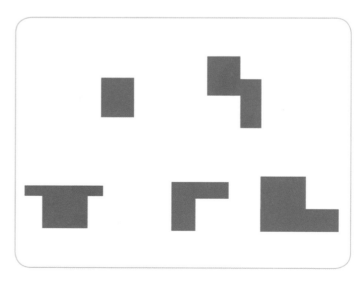

8) 필요한 것은 무엇일까요? ★★★

 다음 왼쪽 〈보기〉의 그림을 완성하기 위해 필요한 조각을 오른쪽에서 각각 <u>3개씩</u> 골라 동그라미 하세요.

보기

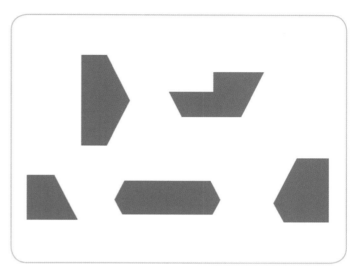

보기

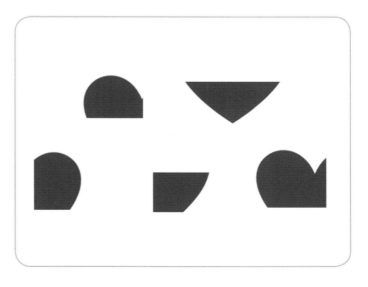

◉ 〈보기〉에 있는 도형을 만드는 데 필요한 조각들을 오른쪽에서 모두 찾아보세요.

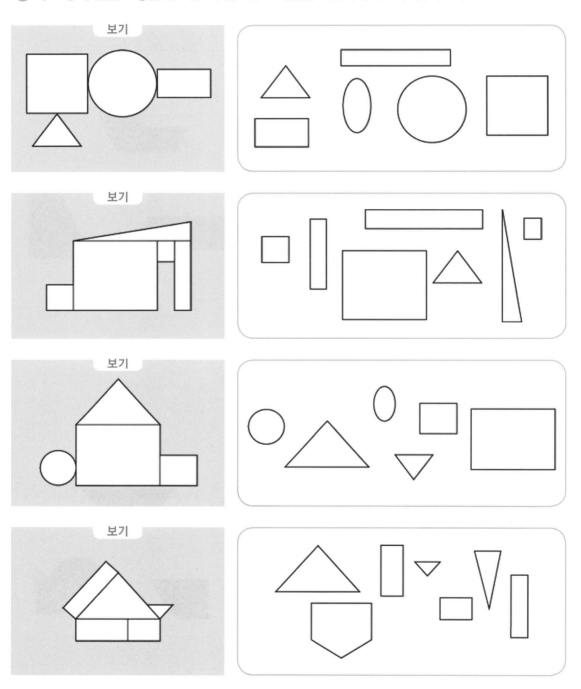

10) 필요한 것은 무엇일까요? ★★★

⊙ 〈보기〉에 있는 도형을 만드는 데 필요한 조각들을 오른쪽에서 모두 찾아보세요.

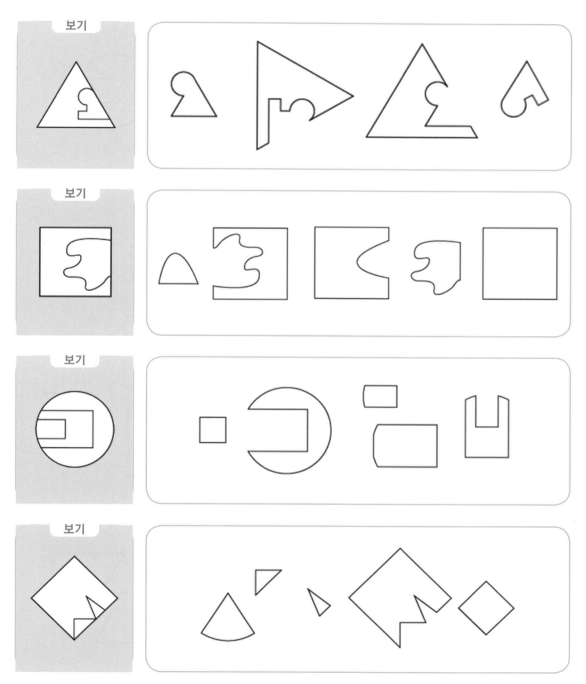

11) 필요한 것은 무엇일까요?

👁 〈보기〉에 있는 도형을 만드는 데 필요 없는 조각이 오른쪽에 있습니다. 모두 찾아보세요.

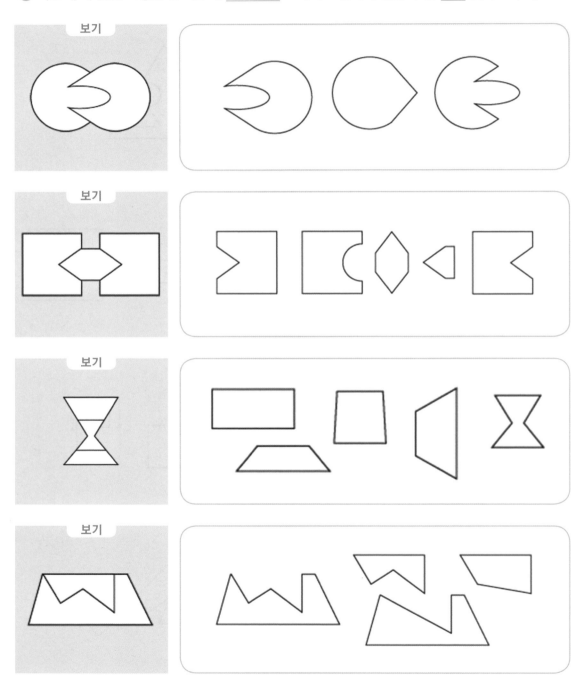

🌱 12) 필요한 것은 무엇일까요? ★ ★ ★

◉ 〈보기〉 그림을 완성하기 위해서 <u>필요 없는</u> 조각을 오른쪽에서 골라 보세요.

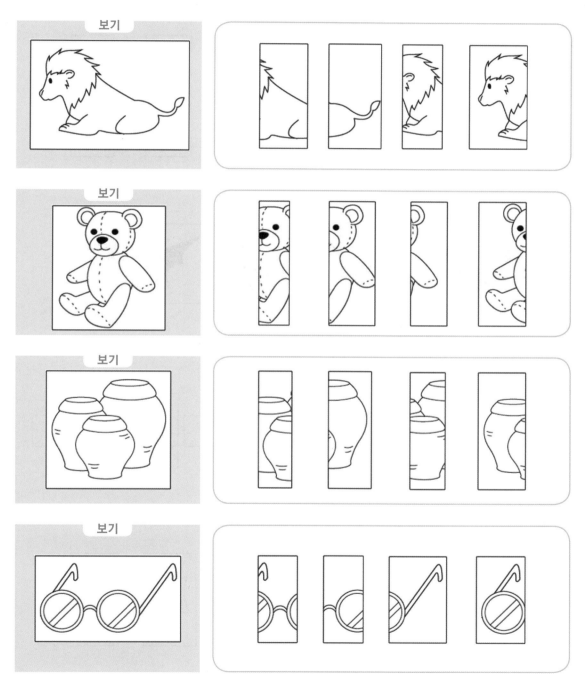

〈보기〉 그림을 완성하기 위해서 <u>필요 없는</u> 조각을 오른쪽에서 골라 보세요.

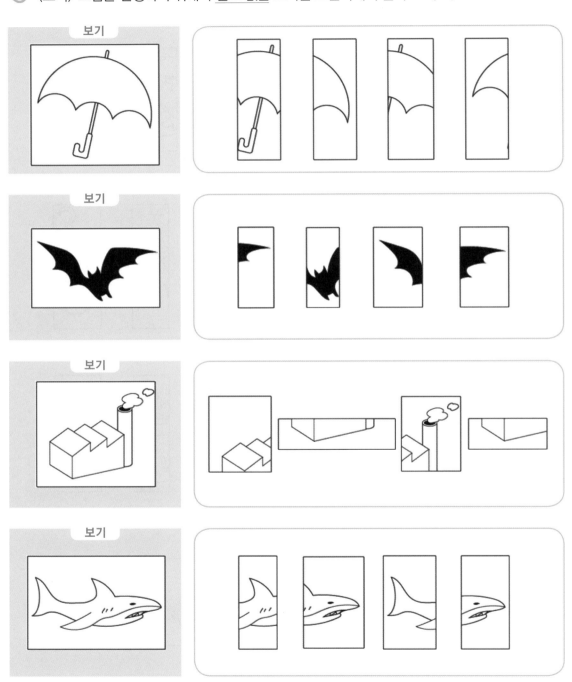

보기

보기

보기

보기

14) 필요한 것은 무엇일까요? ★ ★ ★

다음 왼쪽 〈보기〉의 그림을 완성하기 위해 필요한 조각을 오른쪽에서 각각 <u>3개씩</u> 골라 동그라미 하세요.

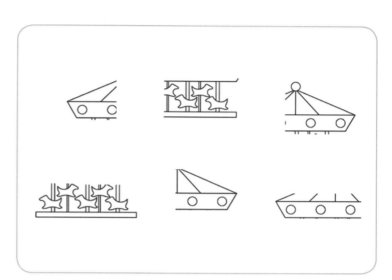

15) 필요한 것은 무엇일까요? ★ ★ ★

다음 〈보기〉의 각각의 그림을 완성하기 위해 필요한 조각을 아래에서 <u>3개씩</u> 골라 해당하는
번호를 적어 보세요.

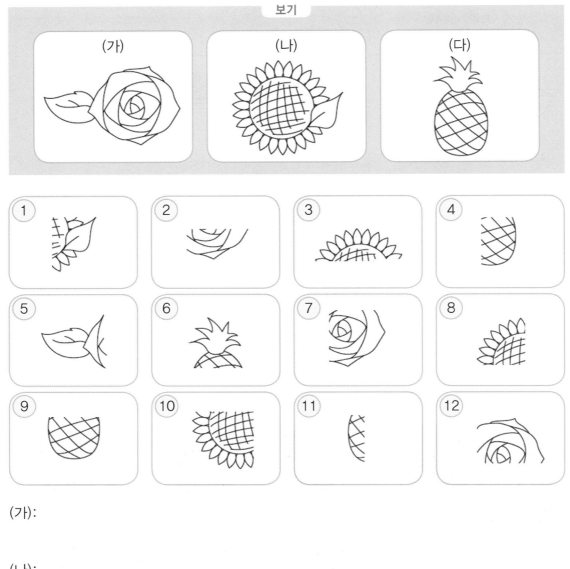

(가):

(나):

(다):

다음 〈보기〉의 각각의 그림을 완성하기 위해 필요한 조각을 아래에서 <u>3개씩</u> 골라 해당하는 번호를 적어 보세요.

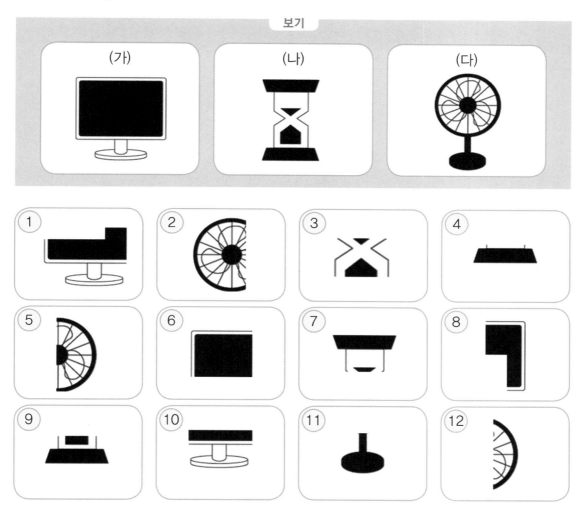

(가):

(나):

(다):

◉ 다음 〈보기〉의 각각의 그림을 완성하기 위해 필요한 조각을 아래에서 <u>3개씩</u> 골라 해당하는 번호를 적어 보세요.

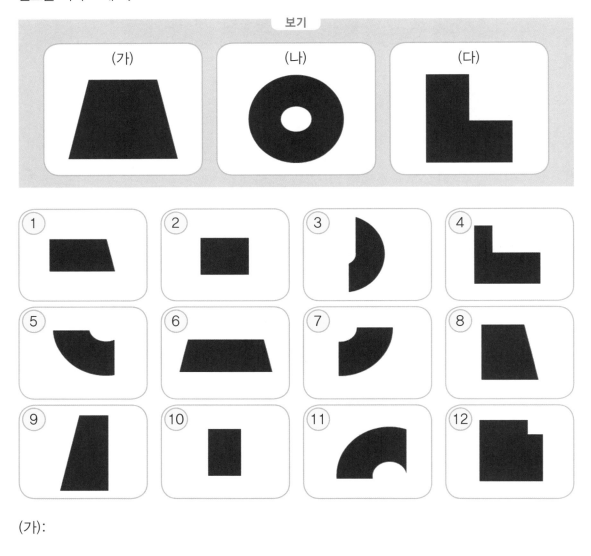

(가):

(나):

(다):

◉ 〈보기〉는 하나의 도형을 몇 개의 조각으로 나눈 거예요. 〈보기〉와 같은 모양의 조각에 알맞은 기호를 적어 보세요.

보기

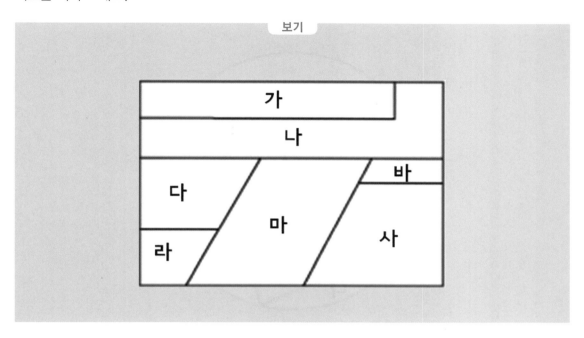

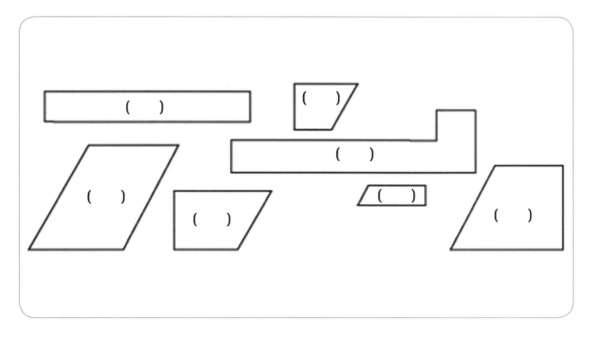

2) 조각을 찾아 주세요 ★ ★ ★

◉ 〈보기〉는 하나의 도형을 몇 개의 조각으로 나눈 거예요. 〈보기〉와 같은 모양의 조각에 알맞은 기호를 적어 보세요.

보기

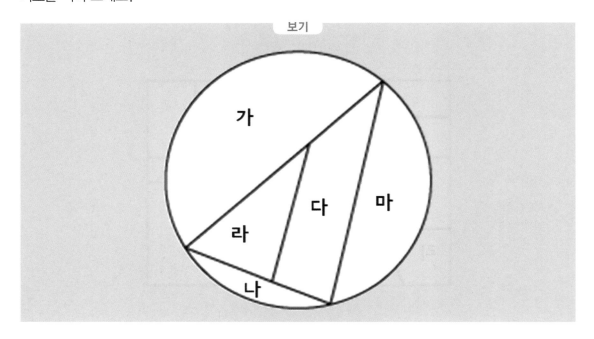

◉ 〈보기〉처럼 합쳤을 때 정사각형이 되는 도형 짝을 찾아 연결해 보세요.

보기

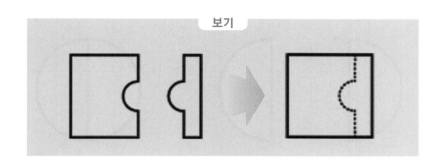

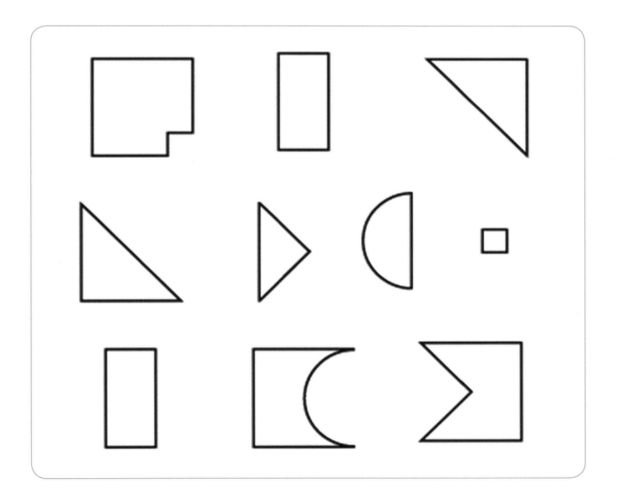

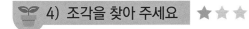 4) 조각을 찾아 주세요 ★ ★ ★

◉ 〈보기〉처럼 합쳤을 때 원이 되는 도형 짝을 찾아 연결해 보세요.

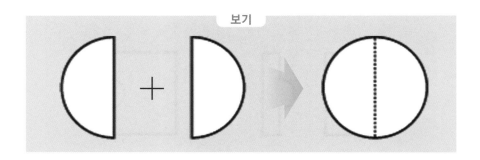

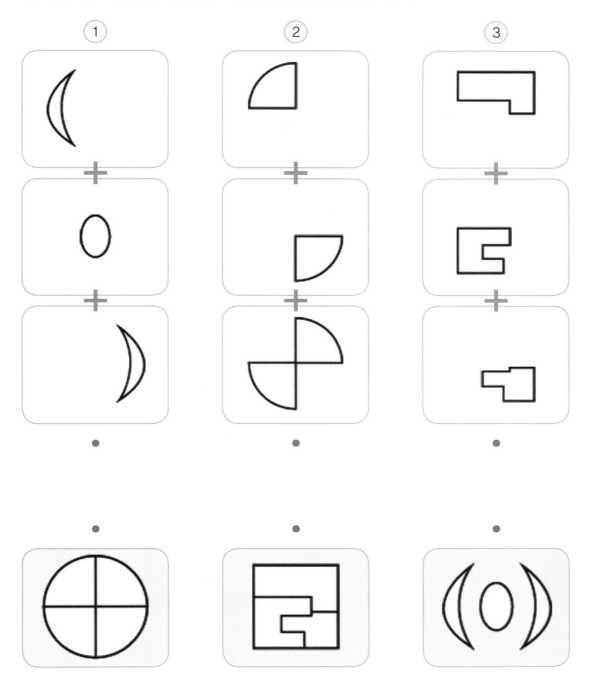

다음 각 조각들을 합치면 어떤 모양이 될지 찾아서 연결해 보세요.

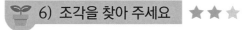

6) 조각을 찾아 주세요 ★★★

◉ 〈보기〉는 하나의 도형을 몇 개의 조각으로 나눈 거예요. 완성된 도형을 보고 알맞은 번호를 적어 보세요.

보기

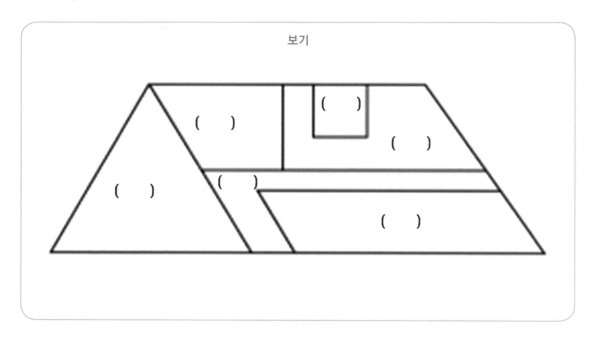

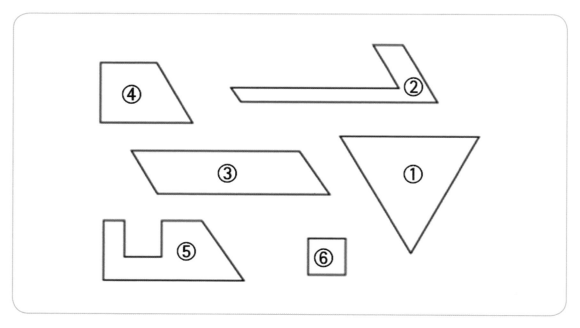

7) 조각을 찾아 주세요 ★ ★ ★

◉ 〈보기〉는 하나의 도형을 몇 개의 조각으로 나눈 거예요. 완성된 도형을 보고 알맞은 번호를 적어 보세요.

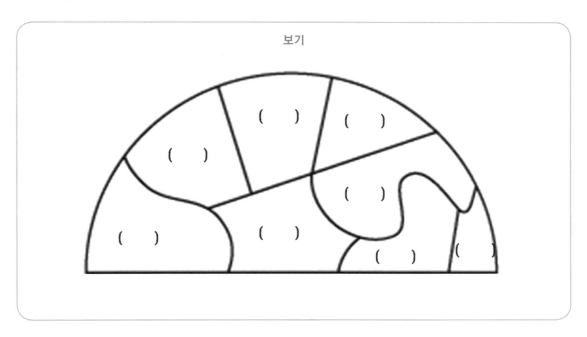

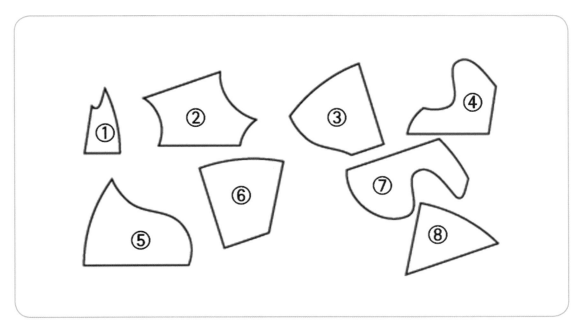

◉ 위쪽에 있는 모양 조각들을 합치면 아래쪽 도형들이 됩니다. 어떤 모형 조각이 필요한지 묶어 번호를 적어 보세요.

[   ]   [   ]   [   ]   [   ]

9) 조각을 찾아 주세요 ★ ★ ★

◉ 왼쪽에 있는 도형은 입을 벌린 만큼의 각도나 모양이 맞는 조각만 먹을 수 있어요.
도형이 먹을 수 있는 조각에 <u>모두</u> 동그라미 하세요.

2

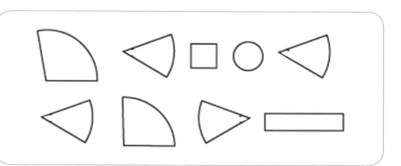

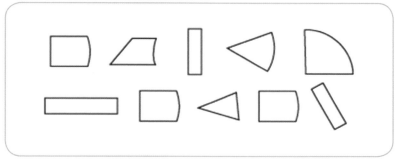

1) 각도를 알아보아요 ★ ★ ★

◎ 왼쪽에는 각도가 적혀 있어요. 오른쪽에 그려진 각도기 그림을 보고, 알맞은 각도와 그림을 연결해 보세요.

80° •	•
90° •	•
20° •	•
180° •	•
45° •	•
130° •	•

◉ 왼쪽에는 각도가 적혀 있고, 가운데에는 해당 각도가 점선으로 표시된 각도기 그림, 오른쪽에는 그 각도에 맞게 잘린 조각이 놓여 있어요. 알맞은 것끼리 연결해 보세요.

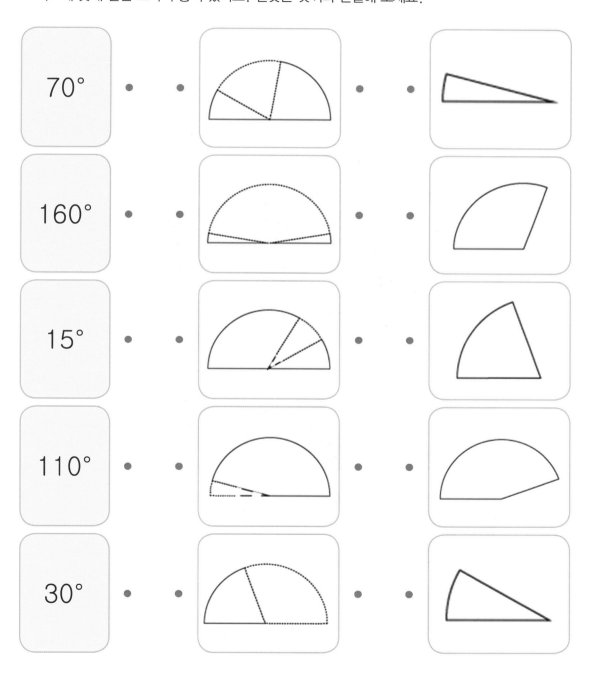

나. 배열하기

 1) 순서대로 완성해 주세요 ★ ★ ★

◉ 다음 〈보기〉의 그림과 같이 만들기 위해서는 아래 조각들을 어떤 순서로 배열하면 될지 (   ) 안에 번호를 적어 보세요.

(   )

(   )

(   )

2) 순서대로 완성해 주세요 ★ ★ ★

다음 〈보기〉의 그림과 같이 만들기 위해서는 아래 조각들을 어떤 순서로 배열하면 될지 (   )
안에 번호를 적어 보세요.

보기

① ② ③

(   )   (   )   (   )

3) 순서대로 완성해 주세요 ★ ★ ★

◉ 다음 〈보기〉의 그림과 같이 만들기 위해서는 아래 조각들을 어떤 순서로 배열하면 될지 (   )
안에 번호를 적어 보세요.

보기

① ② ③ ④

(   ) (   ) (   ) (   )

4) 순서대로 완성해 주세요 ★ ★ ★

다음 〈보기〉의 그림과 같이 만들기 위해서는 아래 조각들을 어떤 순서로 배열하면 될지 (   )
안에 번호를 적어 보세요.

보기

(   )   (   )   (   )   (   )

5) 순서대로 완성해 주세요 ★ ★ ★

◉ 다음 〈보기〉의 그림과 같이 만들기 위해서는 아래 조각들을 어떤 순서로 배열하면 될지 (   ) 안에 번호를 적어 보세요.

(   ) (   ) (   ) (   )

6) 순서대로 완성해 주세요 ★★★

다음 〈보기〉의 그림과 같이 만들기 위해서는 아래 조각들을 어떤 순서로 배열하면 될지 (   ) 안에 번호를 적어 보세요.

보기

①   ②   ③   ④

(   )   (   )   (   )   (   )

◉ 다음 〈보기〉의 그림과 같이 만들기 위해서는 아래 조각들을 어떤 순서로 배열하면 될지 (   ) 안에 번호를 적어 보세요.

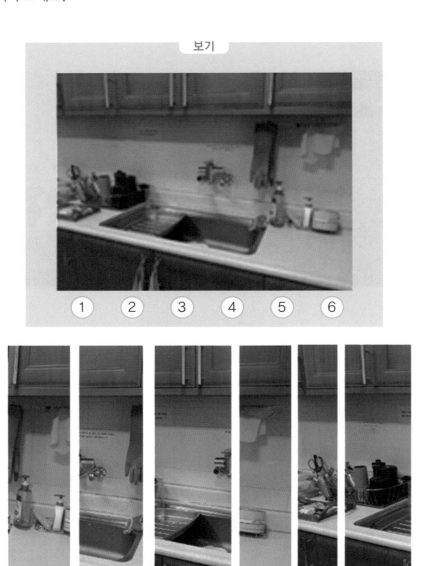

다음 조각들을 어떤 순서로 배열하면 그림을 완성할 수 있을지 (   ) 안에 번호를 적어 보세요.

보기

① ② ③ ④ ⑤

(   ) (   ) (   ) (   ) (   )

다음 조각들을 어떤 순서로 배열하면 그림을 완성할 수 있을지 (   ) 안에 번호를 적어 보세요.

보기

(   )   (   )   (   )   (   )   (   )

10) 순서대로 완성해 주세요 ★ ★ ★

다음 조각들을 어떤 순서로 배열하면 그림을 완성할 수 있을지 (   ) 안에 번호를 적어 보세요.

(   ) (   ) (   ) (   ) (   ) (   )

1) 꼼꼼히 살펴보아요 ★ ★ ★

◉ 왼쪽 도형은 흰색과 검은색 삼각형이 모여서 이루어진 도형입니다. 오른쪽 〈보기〉에 나타난 삼각형의 색깔과 크기를 잘 보고, 왼쪽 도형이 어떤 삼각형 몇 개로 이루어진 것인지 적어 보세요.

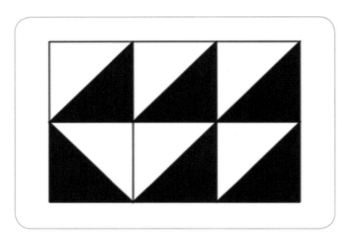
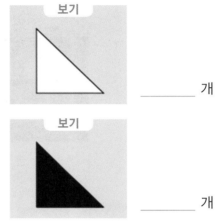

보기

_____ 개

보기

_____ 개

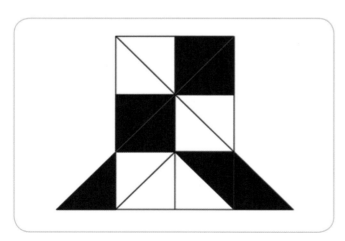
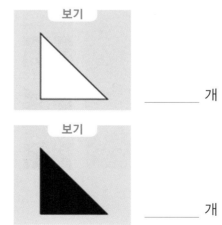

보기

_____ 개

보기

_____ 개

👁 다음 그림은 한 가지 모양의 블록을 여러 방향으로 회전해 만든 것입니다. 어떤 모양의 블록을 사용했을까요?

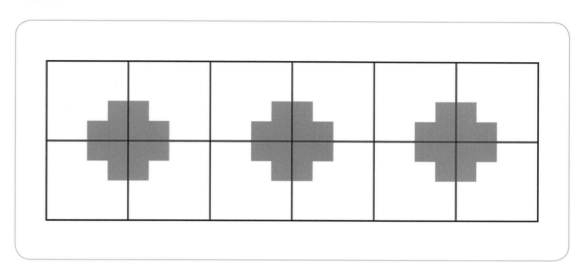

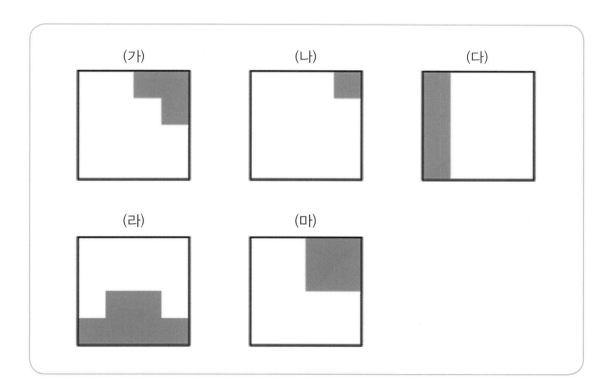

◉ 다음 그림은 한 가지 모양의 블록을 여러 방향으로 회전해 만든 것입니다. 어떤 모양의 블록을 사용했을까요? 직접 그려 보세요.

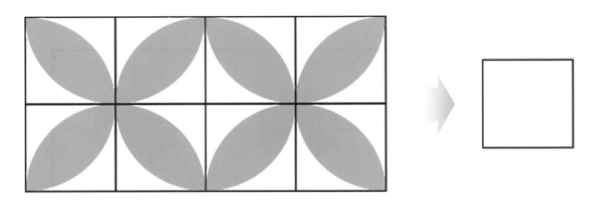

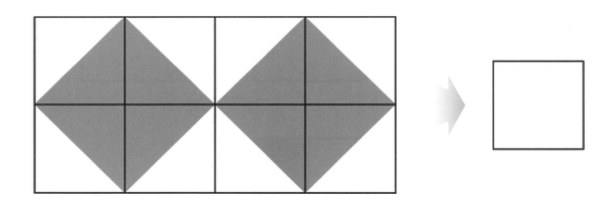

4) 꼼꼼히 살펴보아요 ★★★

◉ 왼쪽 도형은 흰색과 검은색 삼각형이 모여서 이루어진 도형입니다. 오른쪽 〈보기〉에 나타난 삼각형의 색깔과 크기를 잘 보고, 왼쪽 도형이 어떤 삼각형 몇 개로 이루어진 것인지 적어 보세요.

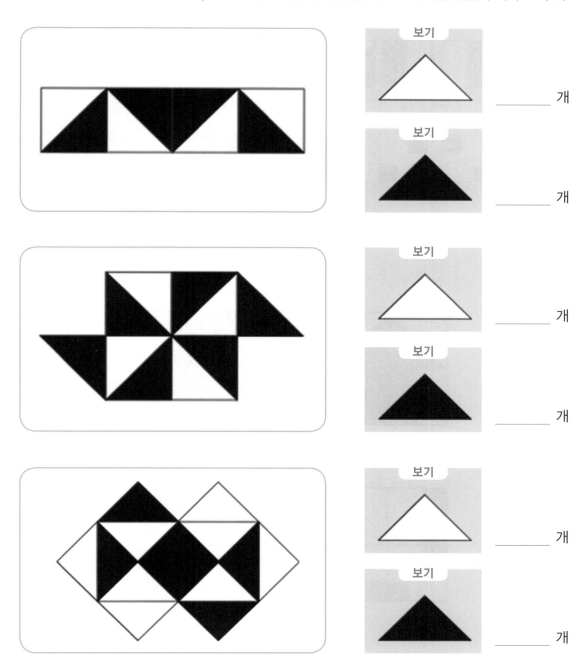

보기

_____ 개

보기

_____ 개

보기

_____ 개

보기

_____ 개

보기

_____ 개

보기

_____ 개

◉ 〈보기〉의 퍼즐조각을 맞추면 각각 어떤 모양이 될지 기호를 적어 보세요.

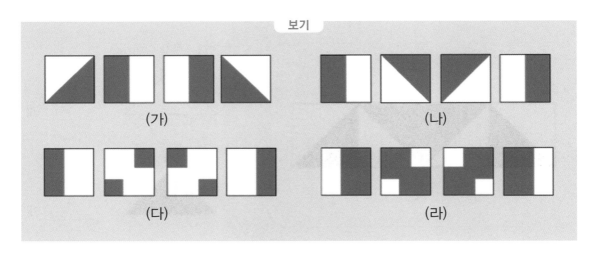

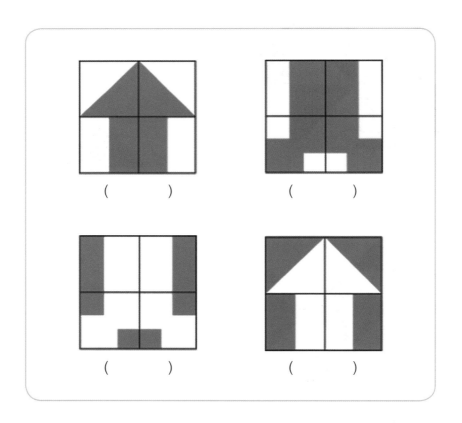

6) 꼼꼼히 살펴보아요 ★★★

👁 〈보기〉의 퍼즐조각을 맞추면 각각 어떤 모양이 될지 기호를 적어 보세요.

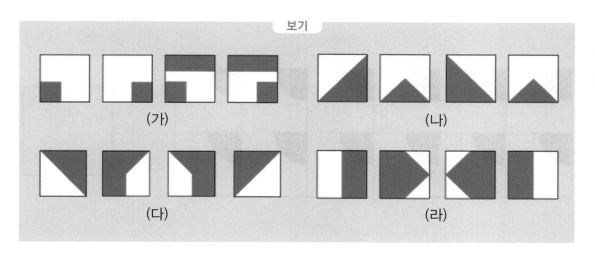

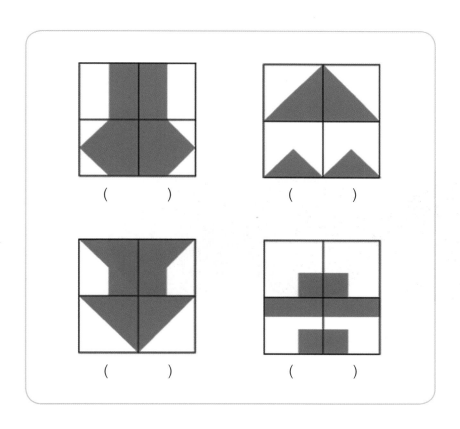

◉ 다음 그림은 한 가지 모양의 블록을 여러 개 사용해 만든 것입니다. 어떤 모양의 블록을 사용했을까요? 직접 그려 보세요.

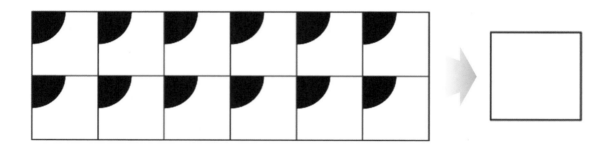

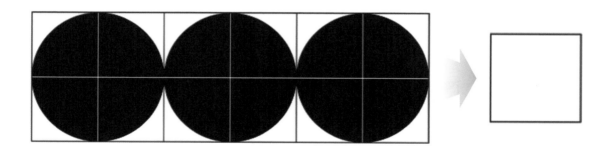

◉ 다양한 과일을 반으로 자른 모습입니다. 어떤 과일인지 맞혀 보세요.

가 	나 	다 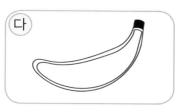
라 	마 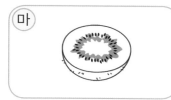	바 
사 	아 	자 

2

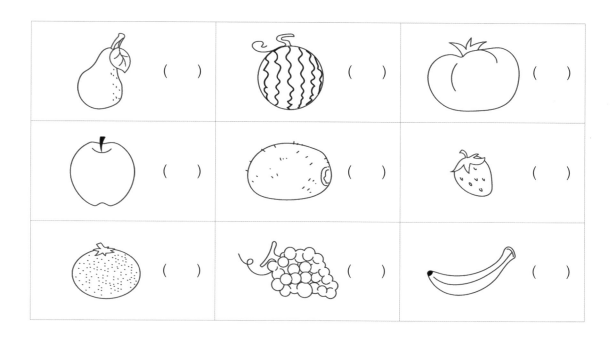

◉ 다양한 채소를 반으로 자른 모습입니다. 어떤 채소인지 맞혀 보세요.

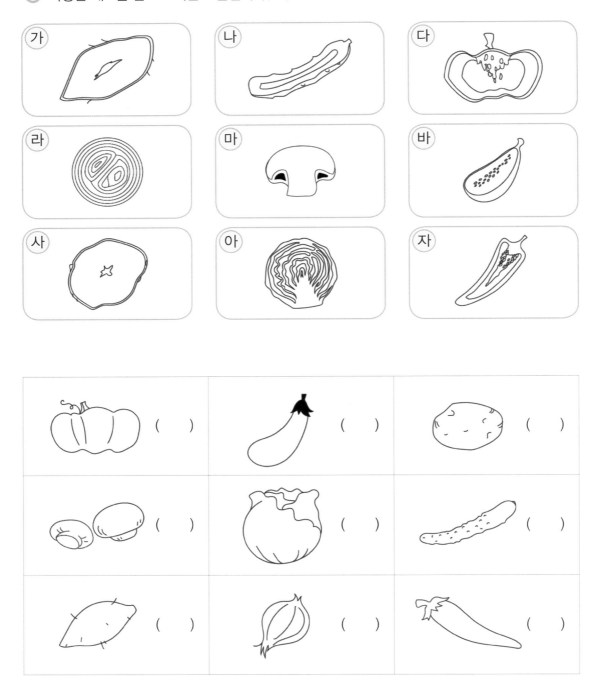

가

나

다

라

마

바

사

아

자

( )

( )

( )

( )

( )

( )

( )

( )

( )

◉ 왼쪽 도형은 흰색과 검은색 삼각형이 모여서 이루어진 도형입니다. 오른쪽 〈보기〉에 나타난 삼각형의 색깔과 크기를 잘 보고, 왼쪽 도형이 어떤 삼각형 몇 개로 이루어진 것인지 적어 보세요.

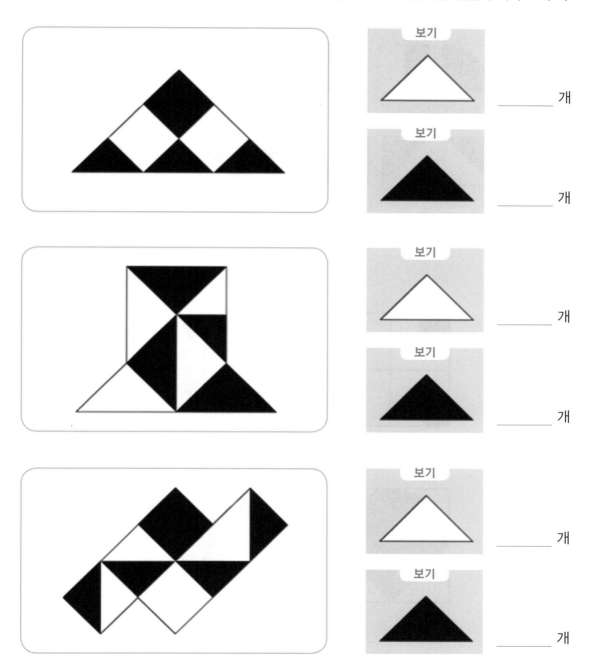

보기 _____ 개

보기 _____ 개

보기 _____ 개

보기 _____ 개

보기 _____ 개

보기 _____ 개

◉ 〈보기〉의 퍼즐조각을 맞추면 각각 어떤 모양이 될지 기호를 적어 보세요.

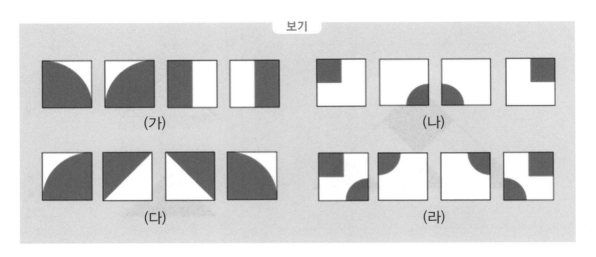

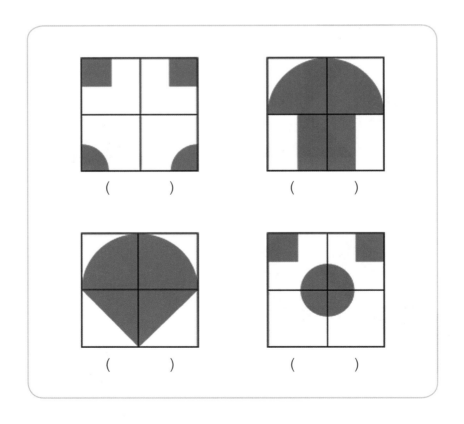

12) 꼼꼼히 살펴보아요 ★ ★ ★

◉ 〈보기〉의 퍼즐조각을 맞추면 각각 어떤 모양이 될지 기호를 적어 보세요.

보기

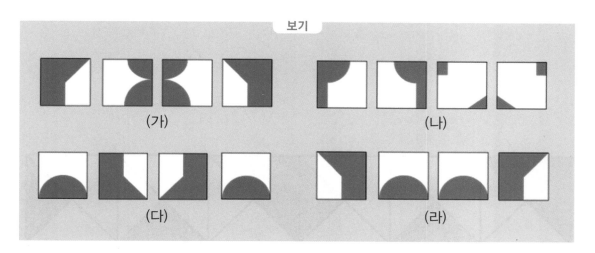

(가)　　　　　　　　　　(나)

(다)　　　　　　　　　　(라)

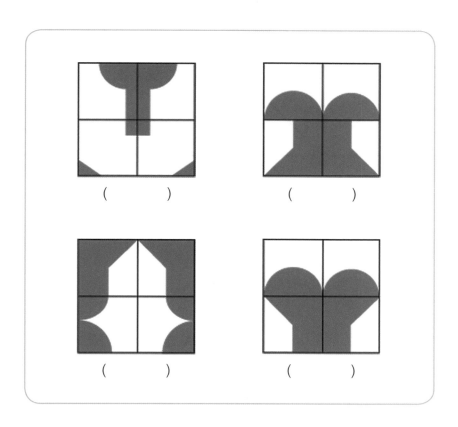

(　　　　)　　　　　　　(　　　　)

(　　　　)　　　　　　　(　　　　)

◉ 규칙을 생각하며 나머지 부분을 색칠해 보세요. 그리고 규칙을 말로 설명해 볼까요?

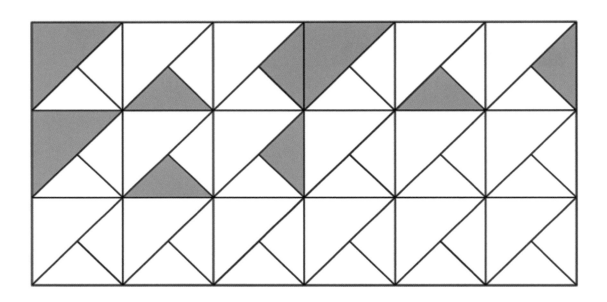

라. 도형의 회전 및 조망

 1) 똑같은 그림을 찾아 주세요 ★ ★ ★

◉ 왼쪽 그림을 요리조리 회전하거나 뒤집었을 때 나올 수 있는 그림을 오른쪽의 〈보기〉에서 찾아 동그라미 하세요.

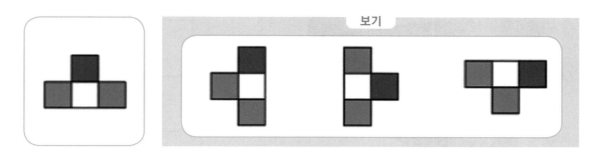

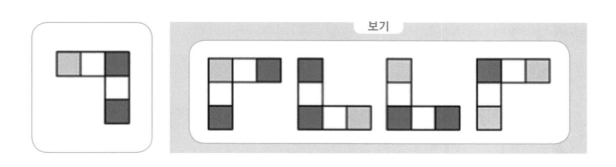

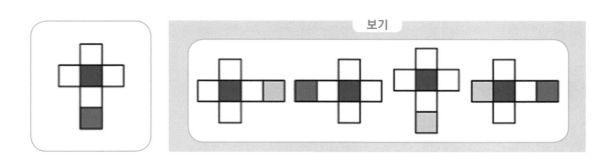

2) 똑같은 그림을 찾아 주세요 ★ ★ ★

◉ 다음 블록을 각각 옆, 앞, 위에서 보면 어떤 모양으로 보일지 아래 사각형에 알맞게 색칠해 보세요.

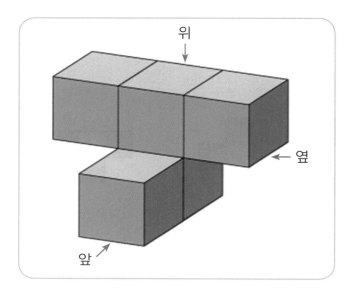

옆

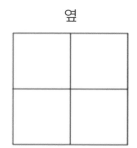

앞

위

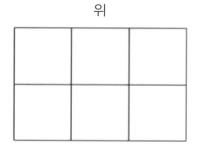

◉ 왼쪽 그림을 요리조리 회전하거나 뒤집었을 때 나올 수 있는 그림을 오른쪽의 〈보기〉에서 찾아 동그라미 하세요.

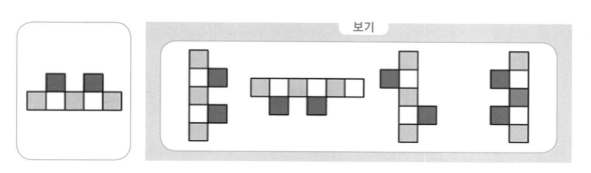

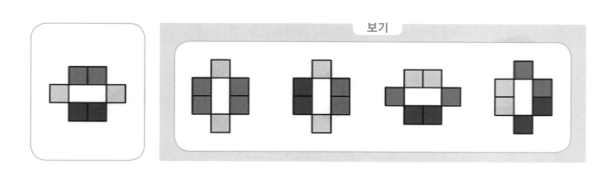

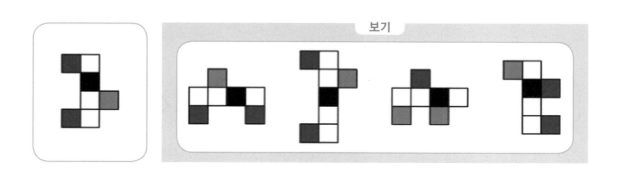

◉ 다음 블록을 위에서 본 모습을 오른쪽의 〈보기〉에서 골라 보세요.

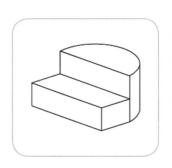

보기

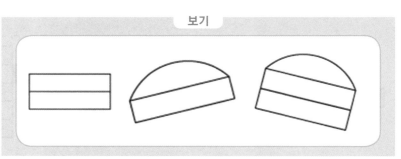

보기

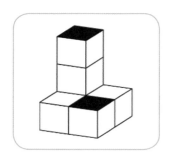

보기

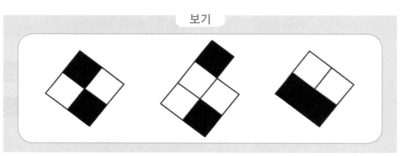

보기

보기

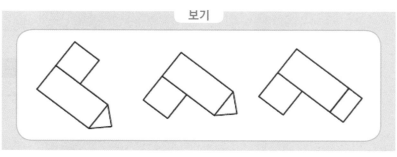

🌱 5) 똑같은 그림을 찾아 주세요 ★ ★ ★

👁 다음 블록을 <u>위에서 본</u> 모습을 오른쪽의 〈보기〉에서 골라 보세요.

보기

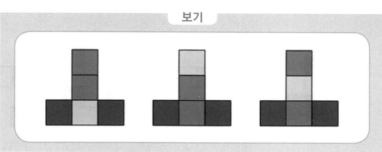

보기

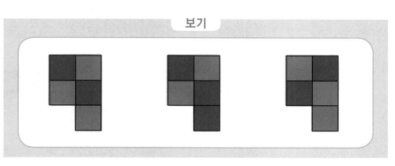

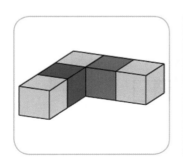

보기

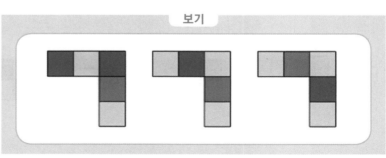

라. 도형의 회전 및 조망 **223**

🌱 6) 똑같은 그림을 찾아 주세요 ★★★

👁 왼쪽 그림을 요리조리 회전하거나 뒤집었을 때 나올 수 있는 그림을 오른쪽의 〈보기〉에서 찾아 동그라미 하세요.

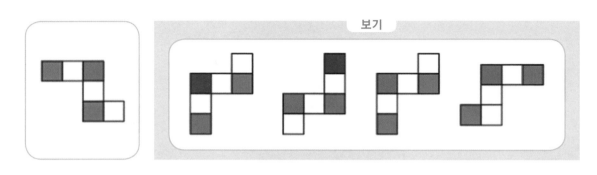

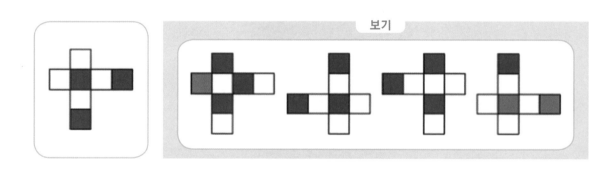

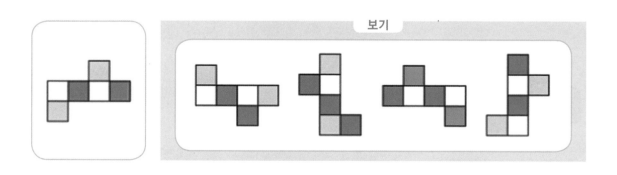

2. 그림맞추기

1) 어디에서 보았을까요? ★ ★ ★

◉ 오른쪽 그림은 왼쪽 그림을 한 방향에서 본 것입니다. 어느 쪽에서 본 것인지 적어 보세요.

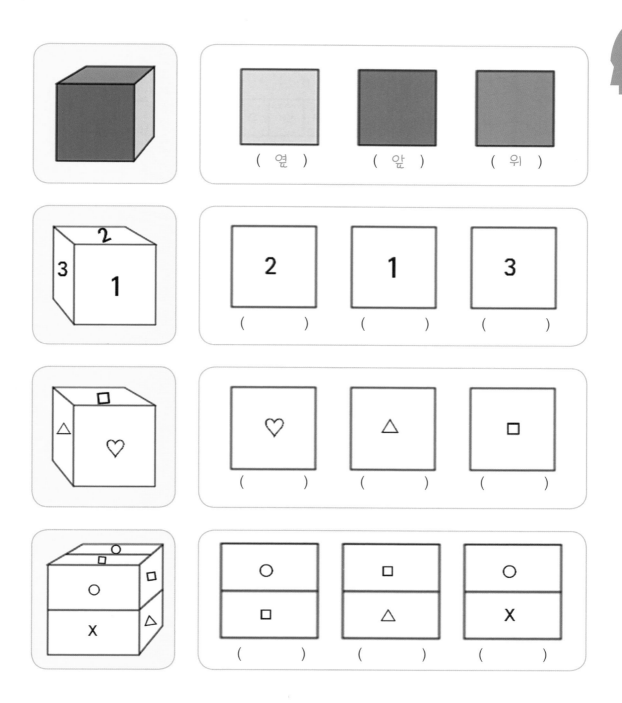

(옆)　　　　(앞)　　　　(위)

2　　　　1　　　　3

(　　　)　　　(　　　)　　　(　　　)

♡　　　　△　　　　□

(　　　)　　　(　　　)　　　(　　　)

○　　　　□　　　　○
□　　　　△　　　　X

(　　　)　　　(　　　)　　　(　　　)

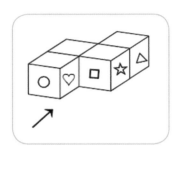 2) 어디에서 보았을까요? ★★★

👁 다음 블록을 <u>화살표가 가리키는 방향</u>에서 본 모습을 오른쪽의 〈보기〉에서 골라 동그라미 하세요.

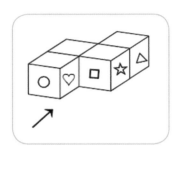

보기

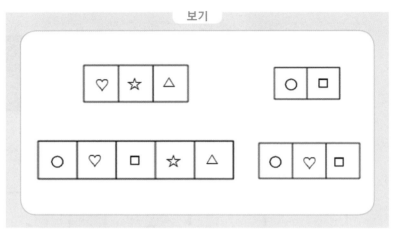

보기

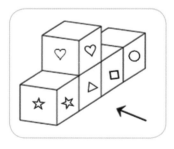

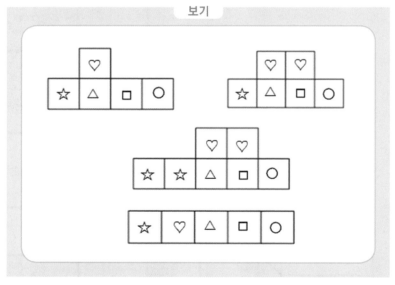

3) 어디에서 보았을까요? ★ ★ ★

◉ 다음 그림을 보고 각각 어느 방향에서 본 모양인지 방향을 적어 보세요.

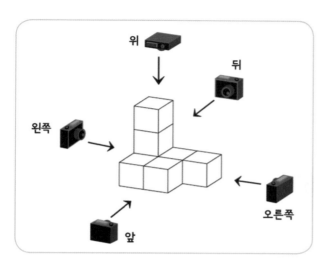

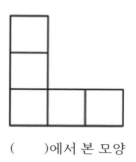

(　　　)에서 본 모양

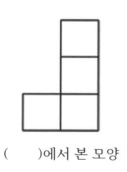

(　　　)에서 본 모양

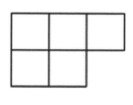

(　　　)에서 본 모양

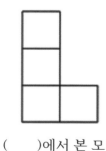

(　　　)에서 본 모양

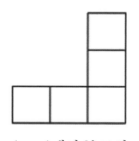

(　　　)에서 본 모양

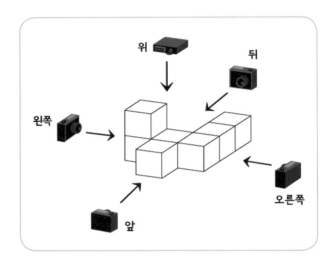

🌱 4) 어디에서 보았을까요? ★ ★ ★

◉ 다음 그림을 보고 각각 어느 방향에서 본 모양인지 방향을 적어 보세요.

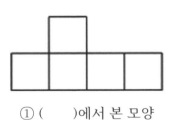

① (   )에서 본 모양

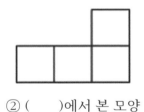

② (   )에서 본 모양

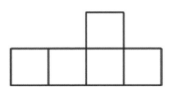

③ (   )에서 본 모양

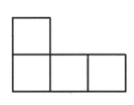

④ (   )에서 본 모양

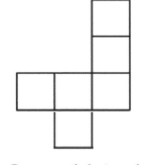

⑤ (   )에서 본 모양

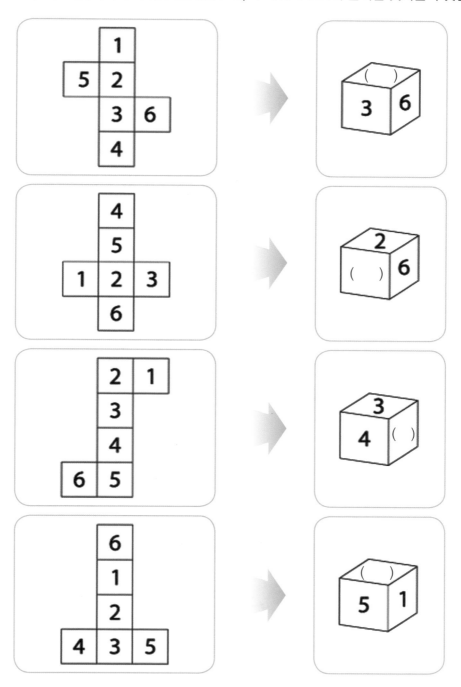

1) 펼쳐 보아요 ★★★

◉ 다음 전개도를 이용하여 주사위를 만들었을 때, 주사위의 빈칸에 들어갈 숫자는 무엇일까요?

2

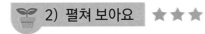

2) 펼쳐 보아요 ★★★

◉ 다음 전개도를 접은 주사위의 알맞은 모양을 〈보기〉에서 골라 번호를 써 보세요.

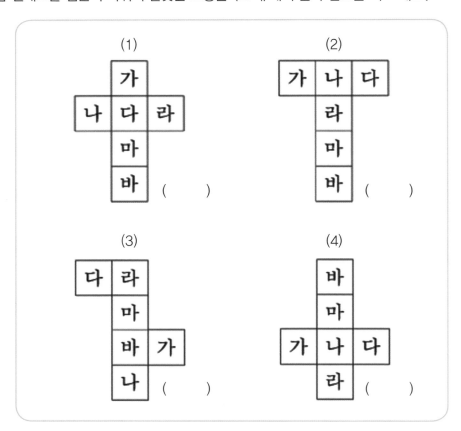

(1)

	가	
나	다	라
	마	
	바	( )

(2)

가	나	다
	라	
	마	
	바	( )

(3)

다	라	
	마	
	바	가
	나	( )

(4)

	바	
	마	
가	나	다
	라	( )

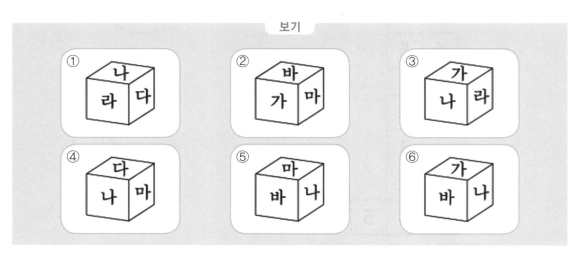

보기

① 나 라 다

② 바 가 마

③ 가 나 라

④ 다 나 마

⑤ 마 바 나

⑥ 가 바 나

다음 주사위를 펼쳤을 때, 글자 '다'가 들어갈 위치를 찾아 동그라미 하세요.

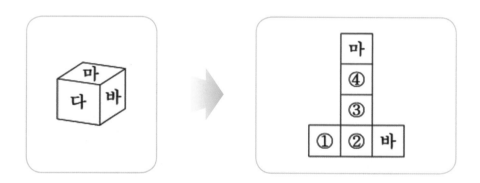

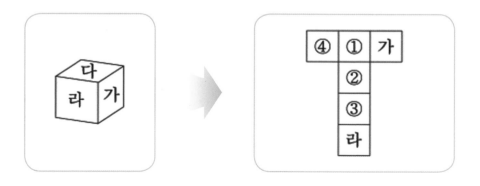

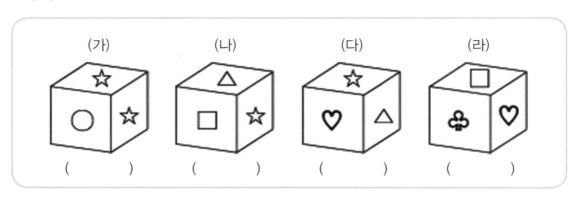

4) 펼쳐 보아요 ★★★

다음 주사위를 보고 펼치면 어떤 모양이 될지 알맞은 전개도를 〈보기〉에서 찾아 번호를 써 보세요.

(가)   (나)   (다)   (라)

(   )   (   )   (   )   (   )

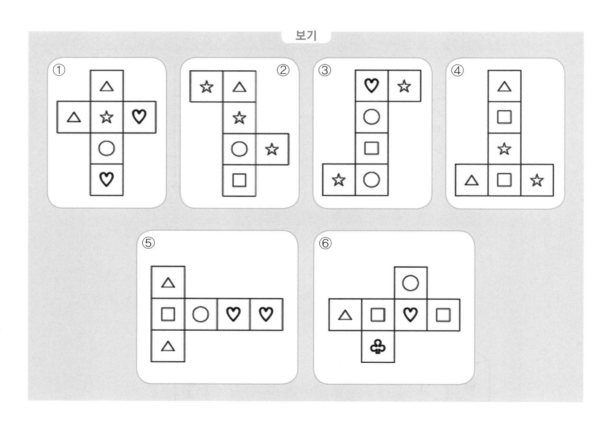

보기

◉ 다음 전개도를 이용하여 주사위를 만들었을 때, 주사위의 빈칸에 들어갈 모양은 무엇일지 직접 그려 보세요.

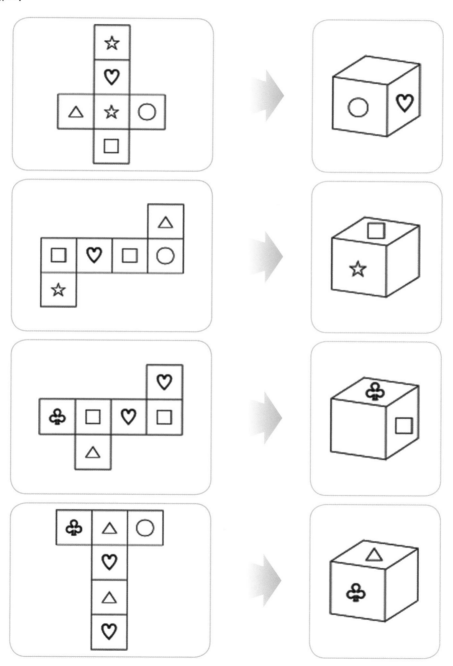

◉ 다음 주사위를 펼쳤을 때 [•] 모양이 들어갈 위치는 어디일까요?

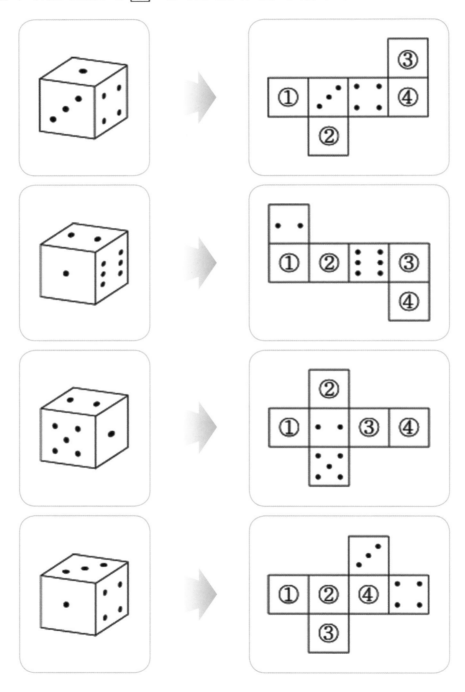

🌱 1) 돌려 보아요 ★ ★ ★

◎ 다음 각각의 도형을 축을 기준으로 하여 한 바퀴 회전했을 때 나오는 도형을 〈보기〉에서 찾아 보세요.

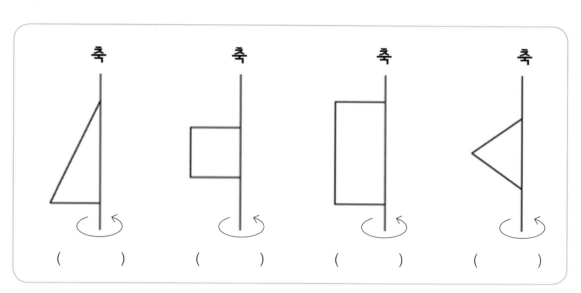

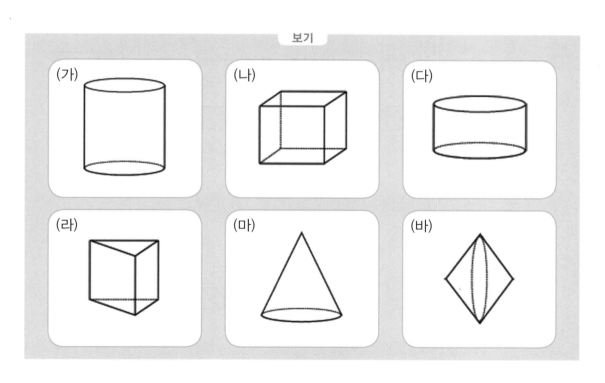

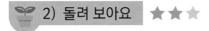 2) 돌려 보아요 ★★★

다음의 도형들을 세로로 잘랐을 때와 가로로 잘랐을 때 단면의 모양이 같은 도형을 아래 〈보기〉에서 각각 찾아 모두 적어 보세요.

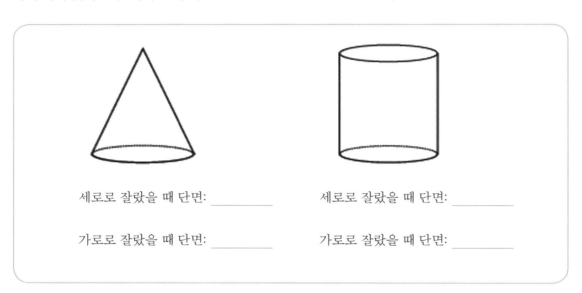

세로로 잘랐을 때 단면: _____　　세로로 잘랐을 때 단면: _____

가로로 잘랐을 때 단면: _____　　가로로 잘랐을 때 단면: _____

보기

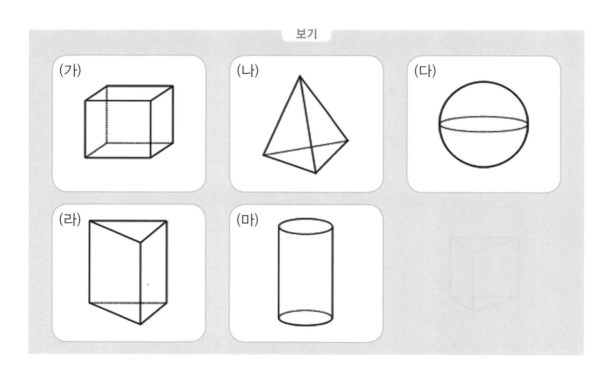

(가)　(나)　(다)

(라)　(마)

3. 그림수수께끼

〈지도방법〉

• 단어, 철자, 숫자, 사물 등 다양한 자극을 특정 기준에 따라 분류합니다.

• 같은 종류의 사물이라도 더 작은 범주로 묶어 봅니다(예: 동물–포유류, 의복–상의 등).

• 개념발달이 매우 중요합니다. 특정 개념에 일치하는 것과 일치하지 않는 것을 구별하여 말합니다(예: 박쥐와 고래가 포유류라는 개념, 자연적으로 빛을 내는 것과 인위적으로 빛을 내는 것의 개념).

• 새롭게 학습한 개념을 과거에 학습했던 개념과 연결시켜 통합하여 확장합니다.

3

가. 유사점 및 차이점 찾기

 1) 같은 것을 찾아 주세요 ★ ★ ★

◉ 〈보기〉와 같은 그림을 오른쪽에서 골라 보세요.

◉ 왼쪽 상자에 같은 글자로 <u>끝나는</u> 것들을 넣어 놓았어요. 상자에 들어갈 수 있는 또 다른 그림 하나를 오른쪽에서 골라 보고 왜 그런지 이유를 말해 보세요.

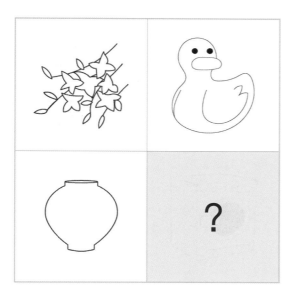

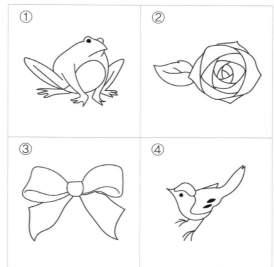

3

◉ 왼쪽 상자에 같은 글자로 <u>시작하는</u> 것들을 넣어 놓았어요. 상자에 들어갈 수 있는 또 다른 그림 하나를 오른쪽에서 골라 보고 왜 그런지 이유를 말해 보세요.

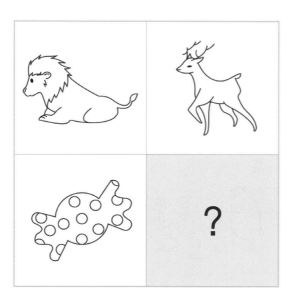

◉ 왼쪽 상자에 같은 글자로 끝나는 것들을 넣어 놓았어요. 상자에 들어갈 수 있는 또 다른 그림 하나를 오른쪽에서 골라 보고 왜 그런지 이유를 말해 보세요.

◉ 왼쪽 상자에 같은 글자로 시작하는 것들을 넣어 놓았어요. 상자에 들어갈 수 있는 또 다른 그림 하나를 오른쪽에서 골라 보고 왜 그런지 이유를 말해 보세요.

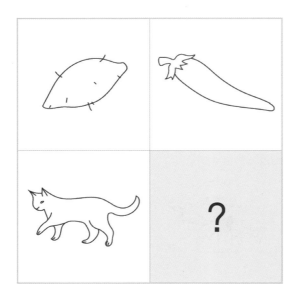

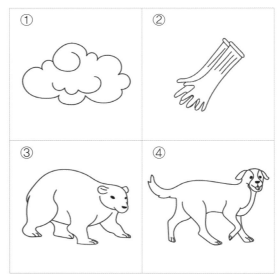

4) 같은 것을 찾아 주세요 ★★★

◉ 〈보기〉와 같은 그림을 오른쪽에서 골라 보세요.

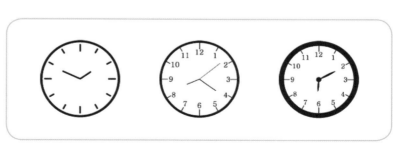

🌱 5) 같은 것을 찾아 주세요 ★ ★ ★

◉ 〈보기〉와 같은 그림을 오른쪽에서 골라 보세요.

보기

보기

보기

보기

1) 관계있는 것을 찾아 주세요 ★ ★ ★

◉ 왼쪽의 〈보기〉와 가장 관계있는 것을 골라 보고 이유를 말해 보세요.

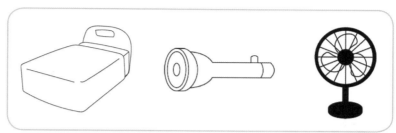

◉ 다음 그림에는 서로 관계있는 것들이 2개씩 들어 있어요. 관계있는 것끼리 서로 연결해 보고, 왜 그런지 이유를 설명해 보세요.

🌱 3) 관계있는 것을 찾아 주세요 ★ ★ ★

👁 서로 관련 있는 것끼리 찾아 연결해 보세요. 왜 그런지 이유도 설명해 보세요.

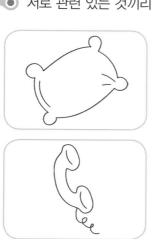

4) 관계있는 것을 찾아 주세요 ★ ★ ★

◉ 서로 관련 있는 것끼리 찾아 연결해 보세요. 왜 그런지 이유도 설명해 보세요.

5) 관계있는 것을 찾아 주세요 ★ ★ ★

◉ 다음 왼쪽 ☐ 안의 그림들 사이의 관계를 보고, 오른쪽 그림들이 그와 같은 관계가 되도록 빈칸에 들어갈 그림을 아래의 보기에서 골라 보고 이유를 말해 보세요.

문제 1

문제 2

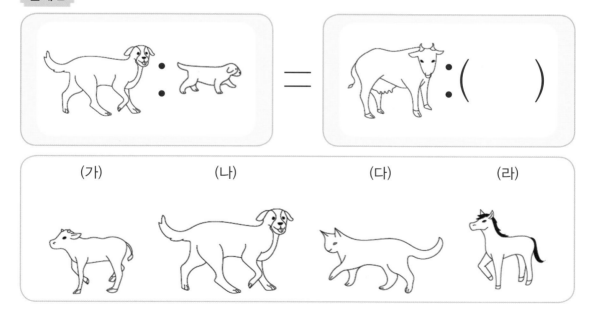

◉ 다음 왼쪽 ☐ 안의 그림들 사이의 관계를 보고, 오른쪽 그림들이 그와 같은 관계가 되도록 빈칸에 들어갈 그림을 아래의 보기에서 골라 보고 이유를 말해 보세요.

문제 1

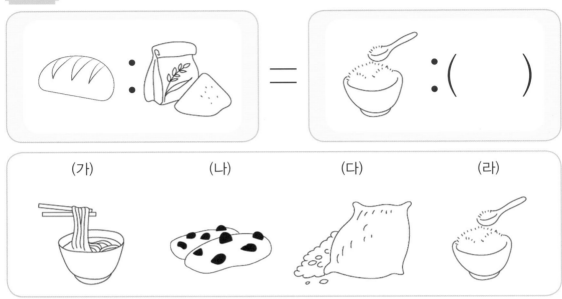

문제 2

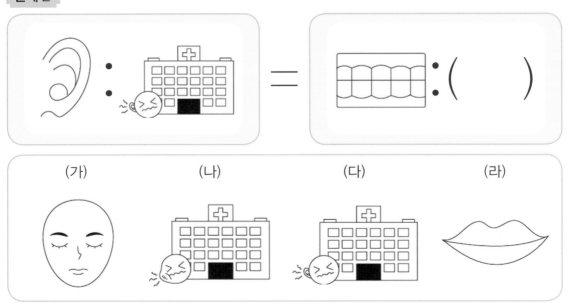

🔘 다음 왼쪽 □ 안의 그림들 사이의 관계를 보고, 오른쪽 그림들이 그와 같은 관계가 되도록 빈칸에 들어갈 그림을 아래의 보기에서 골라 보고 이유를 말해 보세요.

문제 1

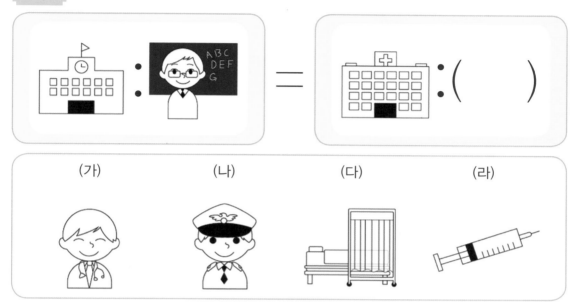

(가)   (나)   (다)   (라)

문제 2

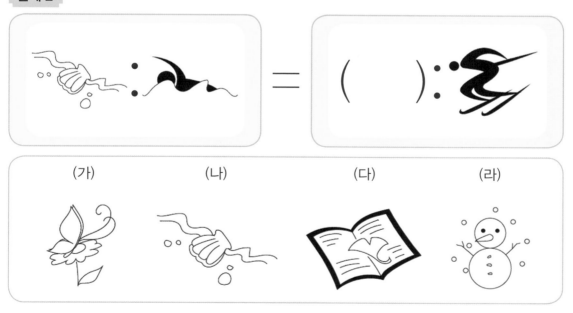

(가)   (나)   (다)   (라)

◉ 다음 그림에는 서로 관계있는 것들이 3개씩 들어 있어요. 관계있는 것끼리 서로 연결해 보고, 왜 그런지 이유를 설명해 보세요.

◉ 다음 그림에는 서로 관계있는 것들이 3개씩 들어 있어요. 관계있는 것끼리 서로 연결해 보고, 왜 그런지 이유를 설명해 보세요.

◉ 다음 그림에는 서로 관계있는 것들이 2개씩 들어 있어요. 관계있는 것끼리 서로 연결해 보고, 왜 그런지 이유를 설명해 보세요.

나. 유목화하기

1) 같은 종류를 찾아 주세요 ★ ★ ★

◉ 다음 보기와 같이 공통점이 있는 것을 각 줄에서 하나씩 찾아서 동그라미 하세요.
타당한 공통점을 찾을 수 있다면 정답이 한 개 이상이 될 수 있습니다.

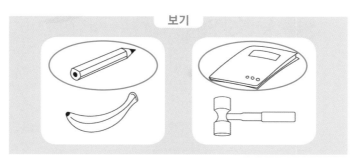

보기

(1)

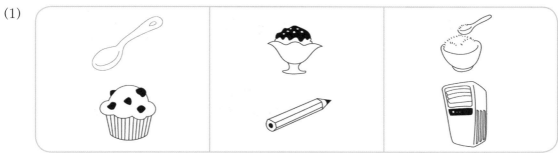

(2)

2) 같은 종류를 찾아 주세요 ★★★

👁 다음 보기와 같이 공통점이 있는 것을 각 줄에서 하나씩 찾아서 동그라미 하세요.
타당한 공통점을 찾을 수 있다면 정답이 한 개 이상이 될 수 있습니다.

보기

(1)

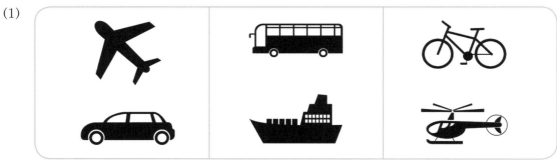

(2)

🌱 **3) 같은 종류를 찾아 주세요** ★★★

👁 다음 보기와 같이 공통점이 있는 것을 각 줄에서 하나씩 찾아서 동그라미 하세요.
타당한 공통점을 찾을 수 있다면 정답이 한 개 이상이 될 수 있습니다.

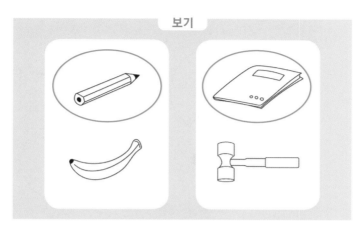

(1)

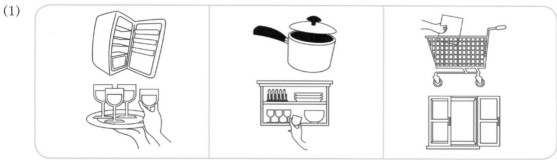

(2)

🌱 4) 같은 종류를 찾아 주세요 ★ ★ ★

◉ 다음 보기와 같이 공통점이 있는 것을 각 줄에서 하나씩 찾아서 동그라미 하세요.
타당한 공통점을 찾을 수 있다면 정답이 한 개 이상이 될 수 있습니다.

보기

(1)

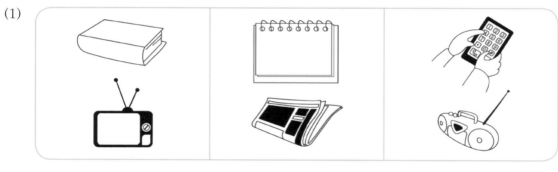

(2)

◉ 다음 보기와 같이 공통점이 있는 것을 각 줄에서 하나씩 찾아서 동그라미 하세요.
타당한 공통점을 찾을 수 있다면 정답이 한 개 이상이 될 수 있습니다.

6) 같은 종류를 찾아 주세요 ★★★

◉ 다음 보기와 같이 공통점이 있는 것을 각 줄에서 하나씩 찾아서 동그라미 하세요.
타당한 공통점을 찾을 수 있다면 정답이 한 개 이상이 될 수 있습니다.

보기

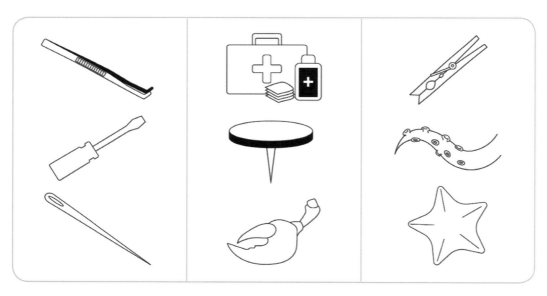

7) 같은 종류를 찾아 주세요 ★ ★ ★

◉ 다음 보기와 같이 공통점이 있는 것을 각 줄에서 하나씩 찾아서 동그라미 하세요.
타당한 공통점을 찾을 수 있다면 정답이 한 개 이상이 될 수 있습니다.

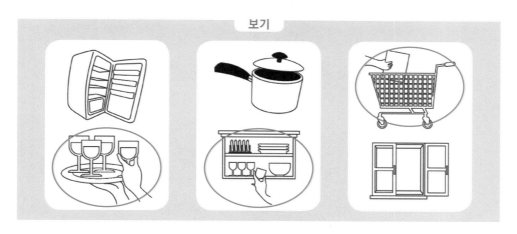

3

◉ 다음 보기와 같이 공통점이 있는 것을 각 줄에서 하나씩 찾아서 동그라미 하세요.
타당한 공통점을 찾을 수 있다면 정답이 한 개 이상이 될 수 있습니다.

보기

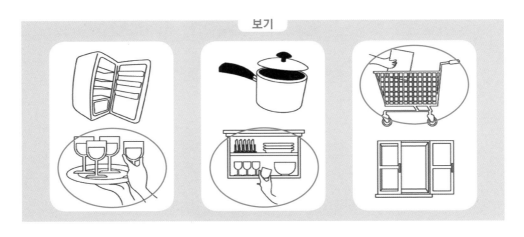

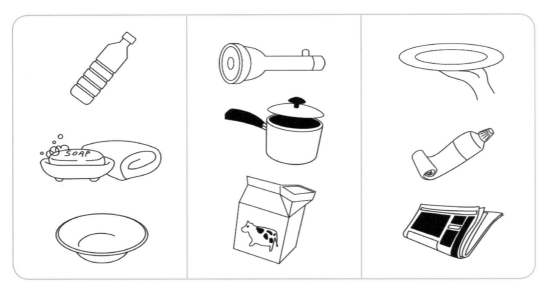

1) 어디에 속할까요? ★ ★ ★

◉ 다음을 보고 같은 줄에 있는 것들이 <u>어떤 점에서 같은지</u> 각 줄의 맨 아래 칸에 적어 보고, 이와 <u>같은 종류를 가능한 한 많이</u> 찾아보세요.

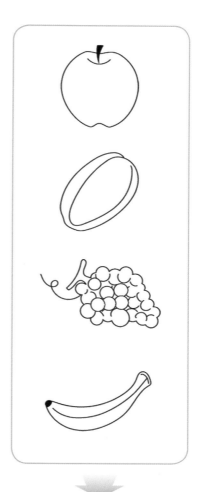

공통점:

같은 종류:

공통점:

같은 종류:

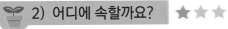

2) 어디에 속할까요? ★ ★ ★

◉ 다음을 보고 같은 줄에 있는 것들이 <u>어떤 점에서 같은지</u> 각 줄의 맨 아래 칸에 적어 보고, 이와 <u>같은 종류</u>를 가능한 한 많이 찾아보세요.

공통점:

같은 종류:

공통점:

같은 종류:

🌱 3) 어디에 속할까요? ★ ★ ★

◉ 다음을 보고 같은 줄에 있는 것들이 <u>어떤 점에서 같은지</u> 각 줄의 맨 아래 칸에 적어 보고,
이와 <u>같은 종류를</u> 가능한 한 많이 찾아보세요.

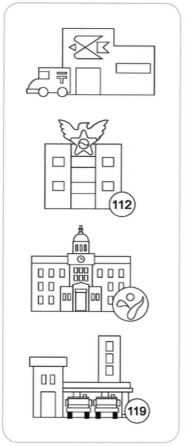  

공통점:	공통점:	공통점:
같은 종류:	같은 종류:	같은 종류:

4) 어디에 속할까요? ★ ★ ★

◉ 다음을 보고 같은 줄에 있는 것들이 <u>어떤 점에서 같은지</u> 각 줄의 맨 아래 칸에 적어 보고, 이와 <u>같은 종류</u>를 가능한 한 많이 찾아보세요.

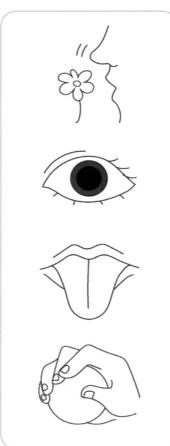

공통점:

같은 종류:

공통점:

같은 종류:

공통점:

같은 종류:

5) 어디에 속할까요? ★ ★ ★

◉ 다음을 보고 같은 줄에 있는 것들이 <u>어떤 점에서 같은지</u> 각 줄의 맨 아래 칸에 적어 보고, 이와 같은 <u>종류를 가능한 한 많이</u> 찾아보세요.

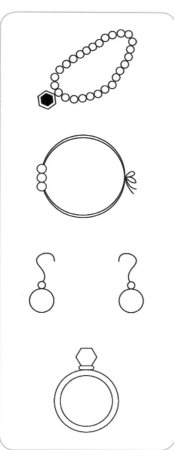

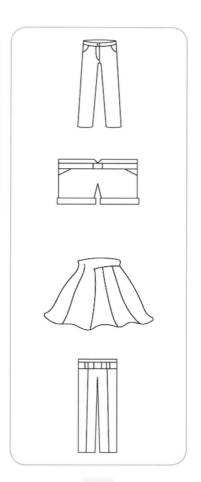

공통점:

같은 종류:

공통점:

같은 종류:

공통점:

같은 종류:

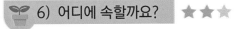 6) 어디에 속할까요? ★★★

👁 다음을 보고 같은 줄에 있는 것들이 <u>어떤 점에서 같은지</u> 각 줄의 맨 아래 칸에 적어 보고,
이와 <u>같은 종류</u>를 가능한 한 많이 찾아보세요.

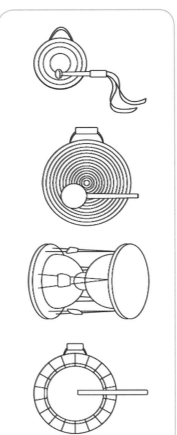

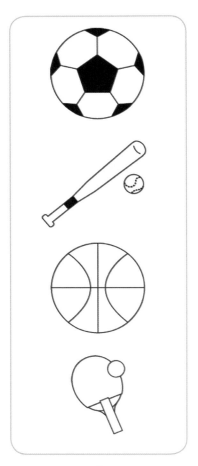

공통점:

같은 종류:

공통점:

같은 종류:

공통점:

같은 종류:

👁 다음을 보고 같은 줄에 있는 것들이 <u>어떤 점에서 같은지</u> 각 줄의 맨 아래 칸에 적어 보고, 이와 <u>같은 종류</u>를 가능한 한 많이 찾아보세요.

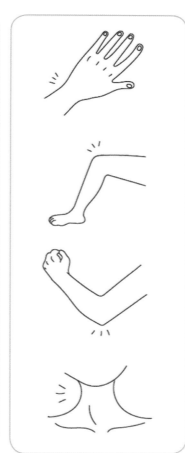
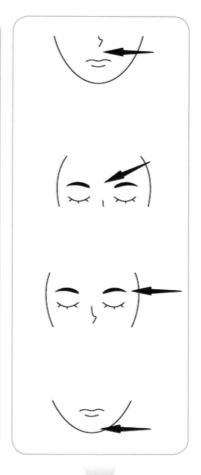

3

공통점:	공통점:	공통점:
같은 종류:	같은 종류:	같은 종류:

다. 추론하기

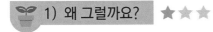 **1) 왜 그럴까요?** ★★★

◉ 아래 그림들을 잘 보고 질문에 답해 보세요.

1) 〈보기〉와 가장 유사한 것 1개를 오른쪽에서 찾아보세요.

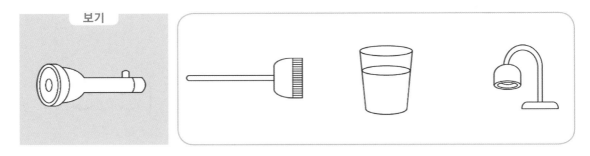

2) 〈보기〉와 가장 다른 것 1개를 오른쪽에서 찾아보세요.

3) 〈보기〉와 가장 다른 것 1개를 오른쪽에서 찾아보세요.

👁 아래 그림들을 잘 보고 질문에 답해 보세요.

1) 〈보기〉와 가장 다른 것 1개를 오른쪽에서 찾아보세요.

보기

2) 〈보기〉와 가장 유사한 점이 있는 것 2개를 오른쪽에서 찾아보세요.

보기

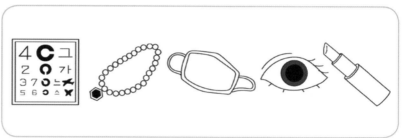

3) 〈보기〉와 공통점이 있는 것 1개를 오른쪽에서 찾아보세요.

보기

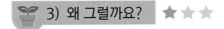 **3) 왜 그럴까요?** ★ ★ ★

👁 아래 그림들을 잘 보고 질문에 답해 보세요.

1) 〈보기〉와 가장 다른 것 1개를 오른쪽에서 찾아보세요.

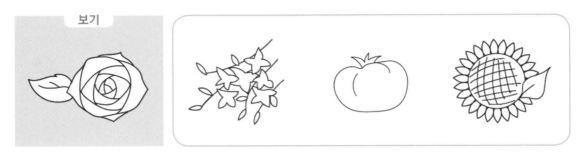

2) 〈보기〉와 가장 비슷하지 않은 것 1개를 오른쪽에서 찾아보세요.

3) 〈보기〉와 가장 다른 것 1개를 오른쪽에서 찾아보세요.

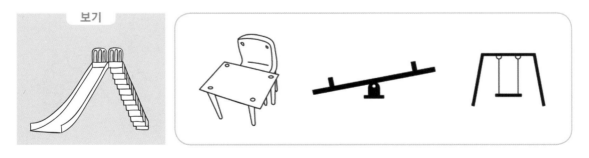

4) 왜 그럴까요? ★ ★ ★

◉ 아래 그림들을 잘 보고 질문에 답해 보세요.

1) 〈보기〉와 가장 비슷한 것 1개를 오른쪽에서 찾아보세요.

2) 〈보기〉와 가장 비슷한 것 1개를 오른쪽에서 찾아보세요.

3) 〈보기〉와 가장 유사하지 않은 것 1개를 오른쪽에서 찾아보세요.

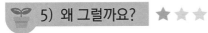 5) 왜 그럴까요? ★ ★ ★

👁 아래 그림들을 잘 보고 질문에 답해 보세요.

1) 〈보기〉와 가장 유사하지 않은 것 1개를 오른쪽에서 찾아보세요.

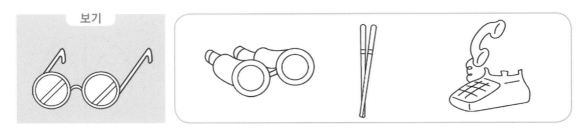

2) 〈보기〉와 가장 유사한 것 1개를 오른쪽에서 찾아보세요.

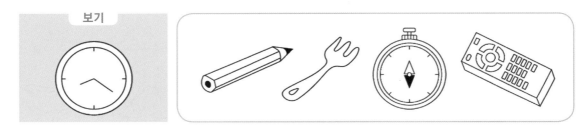

3) 〈보기〉와 가장 공통점이 없는 것 2개를 오른쪽에서 찾아보세요.

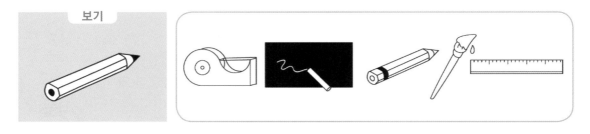

4) 〈보기〉와 가장 공통점이 없는 것 1개를 오른쪽에서 찾아보세요.

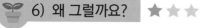 6) 왜 그럴까요? ★ ★ ★

👁 아래 그림들을 잘 보고 질문에 답해 보세요. 힌트가 있는 것도 있어요.

1) 〈보기〉와 가장 관련 없는 것 1개를 오른쪽에서 찾아보세요.

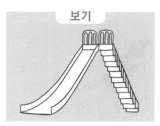 

2) 〈보기〉와 가장 다른 것 1개를 오른쪽에서 찾아보세요.

 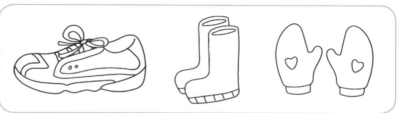

3) 〈보기〉와 가장 비슷한 것 2개를 오른쪽에서 찾아보세요.

4) 〈보기〉와 가장 유사하지 않은 것 1개를 오른쪽에서 찾아보세요. (힌트: 색)

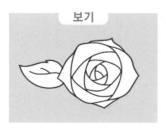 

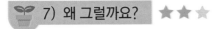 7) 왜 그럴까요? ★★★

👁 아래 그림들을 잘 보고 질문에 답해 보세요.

1) 〈보기〉와 가장 유사한 것 1개를 오른쪽에서 찾아보세요.

보기

2) 〈보기〉와 가장 유사한 것 2개를 오른쪽에서 찾아보세요.

보기

3) 〈보기〉와 가장 비슷한 것 2개를 오른쪽에서 찾아보세요.

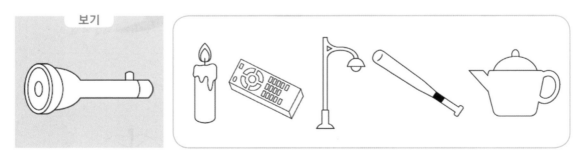

보기

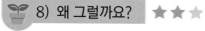 8) 왜 그럴까요? ★★★

👁 아래 그림들을 잘 보고 질문에 답해 보세요.

1) 〈보기〉와 <u>가장 유사하지 않은 것</u> 1개를 오른쪽에서 찾아보세요.

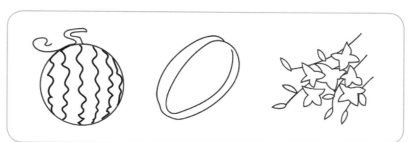

2) 〈보기〉와 <u>가장 비슷하지 않은 것</u> 1개를 오른쪽에서 찾아보세요.

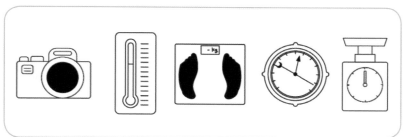

3) 〈보기〉와 <u>가장 공통점이 없는 것</u> 1개를 오른쪽에서 찾아보세요.

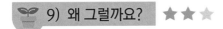

◉ 아래 그림들을 잘 보고 질문에 답해 보세요.

1) 〈보기〉와 가장 다른 것 1개를 오른쪽에서 찾아보세요.

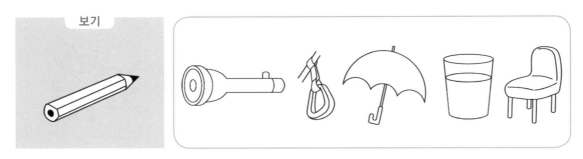

2) 〈보기〉와 공통점이 있는 것 1개를 오른쪽에서 찾아보세요.

3) 〈보기〉와 가장 비슷하지 않은 것 1개를 오른쪽에서 찾아보세요.

10) 왜 그럴까요? ★ ★ ★

◉ 아래 그림들을 잘 보고 질문에 답해 보세요.

1) 〈보기〉와 가장 공통점이 없는 것 1개를 오른쪽에서 찾아보세요.

 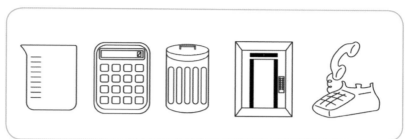

2) 〈보기〉와 가장 공통점이 없는 것 1개를 오른쪽에서 찾아보세요.

3) 〈보기〉와 가장 유사한 것 1개를 오른쪽에서 찾아보세요.

 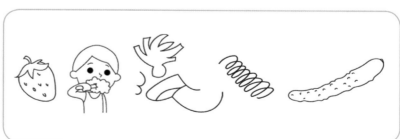

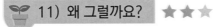 11) 왜 그럴까요? ★ ★ ★

◉ 아래 그림들을 잘 보고 질문에 답해 보세요. 힌트가 있는 것도 있어요.

1) 〈보기〉와 가장 비슷하지 않은 것 1개를 오른쪽에서 찾아보세요.

2) 〈보기〉와 가장 유사한 것 1개를 오른쪽에서 찾아보세요.

3) 〈보기〉와 가장 다른 것 1개를 오른쪽에서 찾아보세요.

4) 〈보기〉와 공통점이 있는 것 1개를 오른쪽에서 찾아보세요. (힌트: 하는 방법)

12) 왜 그럴까요? ★ ★ ★

아래 그림들을 잘 보고 질문에 답해 보세요. 문제 옆에 힌트가 주어져 있어요.

1) 〈보기〉와 가장 비슷한 것 1개를 오른쪽에서 찾아보세요. (힌트: 3)

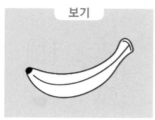

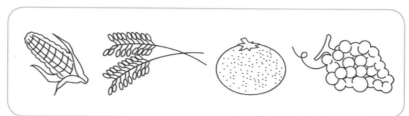

2) 〈보기〉와 가장 유사하지 않은 것 1개를 오른쪽에서 찾아보세요. (힌트: 2)

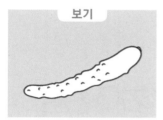

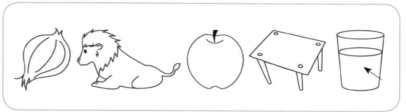

3) 〈보기〉와 가장 관련이 없는 것 2개를 오른쪽에서 찾아보세요. (힌트: 기록하는 방법)

4) 〈보기〉와 가장 유사하지 않은 것 1개를 오른쪽에서 찾아보세요. (힌트: 이름을 생각해 보세요.)

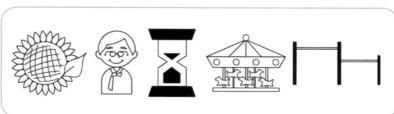

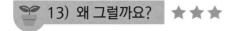

◉ 아래 그림들을 잘 보고 질문에 답해 보세요.

1) 〈보기〉와 가장 유사하지 않은 것 1개를 오른쪽에서 찾아보세요.

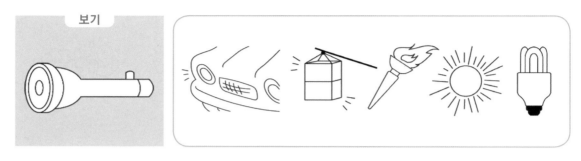

2) 〈보기〉와 가장 유사하지 않은 것 1개를 오른쪽에서 찾아보세요.

3) 〈보기〉와 가장 비슷하지 않은 것 1개를 오른쪽에서 찾아보세요.

14) 왜 그럴까요? ★ ★ ★

◉ 아래 그림들을 잘 보고 질문에 답해 보세요.

1) 〈보기〉와 <u>가장 다른 것 1개</u>를 오른쪽에서 찾아보세요.

보기

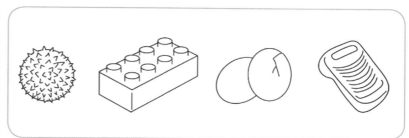

2) 〈보기〉와 <u>가장 다른 것 1개</u>를 오른쪽에서 찾아보세요.

보기

3) 〈보기〉와 <u>가장 유사한 점이 있는 것 2개</u>를 오른쪽에서 찾아보세요.

보기

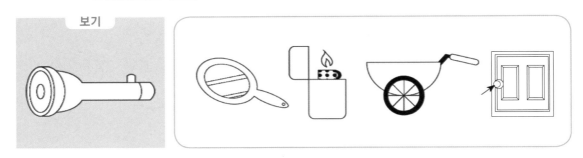 영역 밖 이미지 아이콘 설명

15) 왜 그럴까요? ★ ★ ★

아래 그림들을 잘 보고 질문에 답해 보세요.

1) 〈보기〉와 가장 다른 것 1개를 오른쪽에서 찾아보세요.

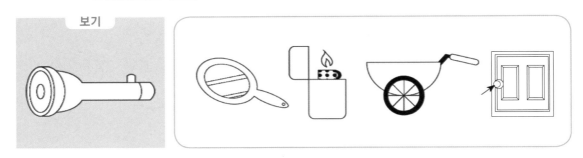

2) 〈보기〉와 가장 공통점이 없는 것 1개를 오른쪽에서 찾아보세요.

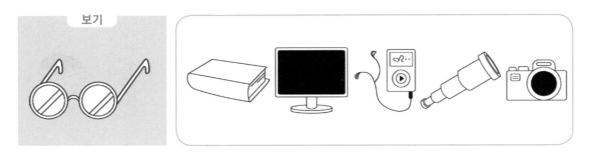

3) 〈보기〉와 가장 공통점이 없는 것 2개를 오른쪽에서 찾아보세요.

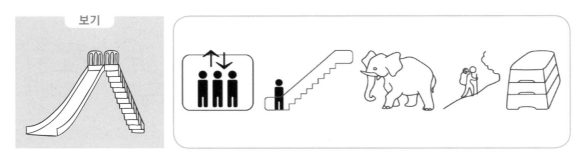

16) 왜 그럴까요? ★ ★ ★

◉ 아래 그림들을 잘 보고 질문에 답해 보세요.

1) 〈보기〉와 <u>가장 공통점이 없는 것</u> 2개를 오른쪽에서 찾아보세요.

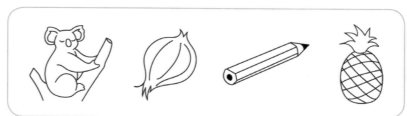

2) 〈보기〉와 <u>공통점이 있는 것</u> 1개를 오른쪽에서 찾아보세요.

3) 〈보기〉와 <u>가장 다른 것</u> 2개를 오른쪽에서 찾아보세요.

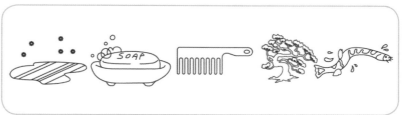

4) 〈보기〉와 <u>가장 다른 것</u> 1개를 오른쪽에서 찾아보세요.

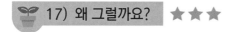

◉ 아래 그림들을 잘 보고 질문에 답해 보세요. 문제 옆에 힌트가 주어져 있어요.

1) 〈보기〉와 공통점이 있는 것 1개를 오른쪽에서 찾아보세요. (힌트: 이름을 생각해 보세요)

2) 〈보기〉와 공통점이 있는 것 1개를 오른쪽에서 찾아보세요. (힌트: 어디에서 자랄까요?)

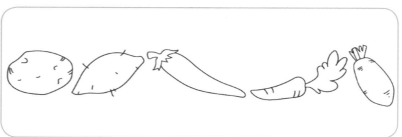

3) 〈보기〉와 가장 유사하지 않은 것 1개를 오른쪽에서 찾아보세요. (힌트: 만든 재료)

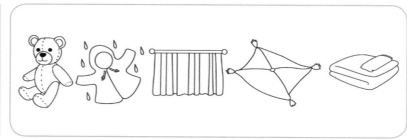

18) 왜 그럴까요? ★ ★ ★

아래 그림들을 잘 보고 질문에 답해 보세요. 문제 옆에 힌트가 주어져 있어요.

1) 〈보기〉와 가장 다른 것 1개를 오른쪽에서 찾아보세요. (힌트: 겉과 속)

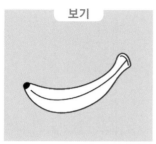

2) 〈보기〉와 가장 유사한 것 1개를 오른쪽에서 찾아보세요. (힌트: 피는 계절)

3) 〈보기〉와 공통점이 있는 것 1개를 오른쪽에서 찾아보세요. (힌트: 만든 재료)

4. 가로세로퍼즐

〈지도방법〉

• 순서를 강조합니다.

• '가로 × 세로 = 좌표'에 대한 이해가 필요합니다.

• 자극들 간의 규칙성을 파악하여 명백하게 말로 표현합니다.

가. 좌표 찾기

🌱 1) 위치를 찾아 주세요 ★ ★ ★

◉ 주어진 것처럼 다음의 설명에 맞게 칸 안에 그림을 넣거나 색칠해 보세요.

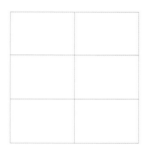

오른쪽 아래에는 ○를, 왼쪽 위에는 ☆을 그리세요.

오른쪽 가운데에 △를, 왼쪽 가장 아래에 □를 그리세요.

가운데 아래와 오른쪽 위에 색칠하세요.

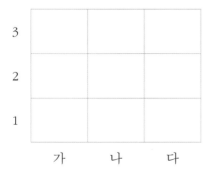

가2, 나3, 다1을 색칠하세요.

◉ 〈예시〉와 같이 다음 칸 안에 그려져 있는 그림이나 색칠된 것을 보고 알맞은 말을 써넣어서 위치를 표현해 보세요.

문제 1

※: (　　　) 아래
#: 오른쪽 (　　　)

문제 2

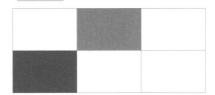

빨간색:
파란색:

문제 3

♥ :
♣ :

문제 4

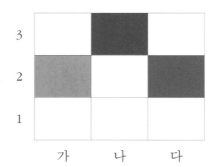

보라색:
초록색:
주황색:

🪴 3) 위치를 찾아 주세요 ★ ★ ☆

◉ 다음 그림은 영인이네 집 정리함의 모습입니다. 잘 보고 아래 설명에 해당하는 물건의 번호를 각각 적어 보세요.

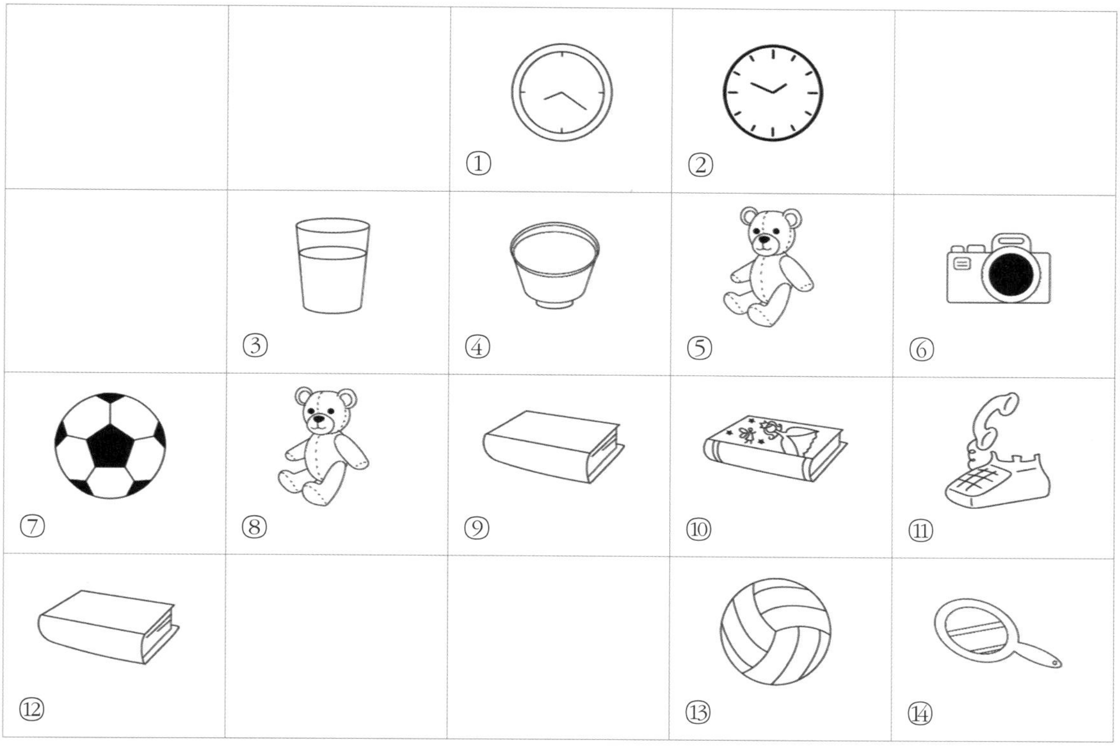

		①	②	
	③	④	⑤	⑥
⑦	⑧	⑨	⑩	⑪
⑫			⑬	⑭

1) 책 위에 있는 공: _____

2) 책 옆에 있는 곰인형: _____

3) 그릇 위에 있는 시계: _____

4) 손거울 옆에 있는 공: _____

5) 곰인형 옆에 있는 카메라: _____

6) 다음 번호에 맞는 물체의 위치를 설명해 보세요.

⑦: _____　　　⑪: _____　　　⑫: _____

4) 위치를 찾아 주세요 ★★★

◉ 다음 그림을 잘 보고 아래에서 설명하는 도형의 번호를 적어 보세요.

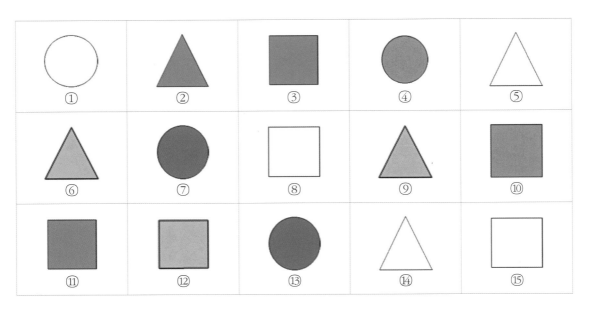

1) 원 옆에 있는 초록색 삼각형:＿＿＿＿＿＿＿＿＿＿

2) 주황색 삼각형 아래에 있는 사각형:＿＿＿＿＿＿＿＿＿＿

3) 빨간색 원 옆에 있는 삼각형:＿＿＿＿＿＿＿＿＿＿

4) 주황색 삼각형과 하얀색 사각형 사이에 있는 원:＿＿＿＿＿＿＿＿＿＿

5) 사각형 위에 있는 하얀색 삼각형:＿＿＿＿＿＿＿＿＿＿

6) 파란색 원 아래에 있는 사각형:＿＿＿＿＿＿＿＿＿＿

7) 다음 번호에 맞는 도형의 위치를 설명해 보세요.

　　①:＿＿＿＿＿＿＿＿＿　　③:＿＿＿＿＿＿＿＿＿　　⑭:＿＿＿＿＿＿＿＿＿

◉ 다음의 숫자와 글자에 맞게 아래 네모칸을 색칠해 보고 무슨 모양이 나오는지 적어 보세요.

> 나6, 마4, 나2, 라4, 마6, 다6, 다4, 마5,
> 나5, 나4, 다2, 라6, 마3, 마2, 라2

	가	나	다	라	마	바
7						
6						
5						
4						
3						
2						
1						

정답:

2) 가로와 세로를 합치면? ★ ★ ★

◉ 다음 표 안에 그려진 그림들을 각각 좌표로 표현해 보세요. 두 개는 예시로 적혀 있어요.

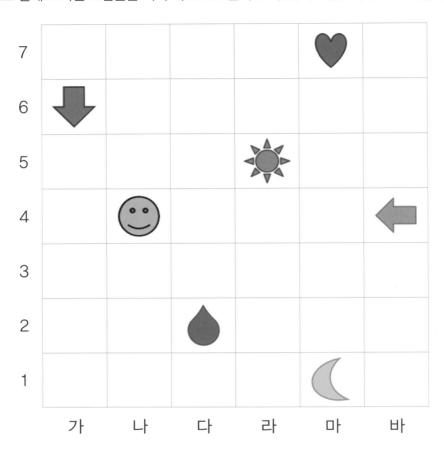

 : 다2

 : 나4

 :

 :

 :

 :

 :

◉ 다음 표의 맨 윗줄에 그려져 있는 것은 꽃잎이고, 왼쪽에 써 있는 숫자는 꽃잎의 개수입니다.
다음 표의 그림과 숫자를 잘 보고, 빈칸에 알맞은 숫자를 〈보기〉에서 찾아 쓰세요.

모양 개수	🌺	💚
3		
4		
5		

◉ 다음 표의 도형들과 숫자를 잘 보고, 각 칸에 들어갈 도형의 모양을 개수만큼 직접 그려 보세요.

	○	△	□
2			
3			
4			

4) 가로와 세로를 합치면? ★ ★ ★

◉ 다음은 각 아이들이 필요한 물건들을 표로 정리하여 만들어 본 것입니다. 누구에게 어떤 물건이 필요한 것인지 아래에서 알맞게 연결해 보세요.

5) 가로와 세로를 합치면? ★ ★ ★

다음은 각 아이들이 좋아하는 과일을 표로 정리하여 만들어 본 것입니다. 누가 어떤 과일을 좋아하는지 아래에서 알맞게 연결해 보세요.

	민정	현승
	예은	진호
	철민	재훈

민정	현승	예은	진호	철민	재훈
●	●	●	●	●	●

●	●	●	●	●	●

6) 가로와 세로를 합치면? ★ ★ ★

◉ 다음은 각 아이들이 좋아하는 꽃을 표로 정리하여 만들어 본 것입니다. 누가 어떤 꽃을 좋아하는지 아래에서 알맞게 연결해 보세요.

	승한	성민
	미애	지현
	성은	동준

승한	성민	미애	지현	성은	동준
•	•	•	•	•	•

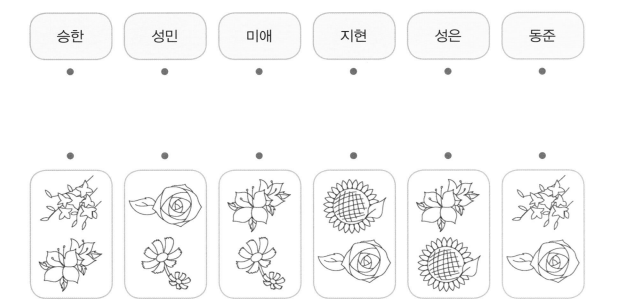

7) 가로와 세로를 합치면?

◉ 다음 표의 글자들을 조합해 보면 친구들의 이름이 됩니다. 가로, 세로에 적혀 있는 글자를 보고, 빈칸에 알맞은 이름을 적어 보세요. 가로에 적힌 것을 먼저, 세로에 적힌 것을 나중에 적어 보세요. 하나는 예시로 적혀 있어요.

가로 세로	민	윤	혜
정	민정		
지			

◉ 다음 표의 가로, 세로에 적혀 있는 글자를 보고, 빈칸에 알맞은 글자를 적어 보세요. 가로에 적힌 것을 먼저, 세로에 적힌 것을 나중에 적어 보세요.

가로 세로	이	신	남궁
민경	예) 이민경		
주리			
수호			
대영			

8) 가로와 세로를 합치면? ★★★

 다음 표에서 조합하여 옷을 입을 때 (가)~(바)에 들어갈 옷의 조합으로 맞는 것을 〈보기〉에서 고르세요.

	(가)		(나)
	(다)	(라)	
		(마)	(바)

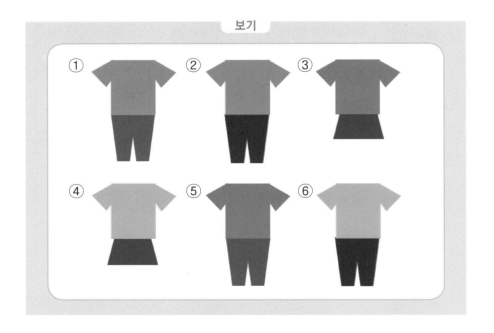

◉ 다음의 숫자와 글자에 맞게 아래 네모칸을 색칠해 보고 무슨 모양이 나오는지 적어 보세요.

> 나6, 마2, 바3, 나5, 다7, 바7, 사4,
> 아5, 다4, 라7, 라3, 마6, 사7, 아6

	가	나	다	라	마	바	사	아	자
8									
7									
6									
5									
4									
3									
2									
1									

정답:

10) 가로와 세로를 합치면? ★ ★ ★

◉ 다음의 글자와 숫자에 맞게 아래 네모칸을 색칠하면 어떤 글자가 나오게 됩니다. 글자를 완성하려면 (   ) 안에 어떤 글자와 숫자가 필요할지 적어 보세요.

> 가1, 나5, 마1, 바3, 나1, 다3, 라2, 라1,
> 마3, 나4, 나3, 다1, 라3, (   ), (   )

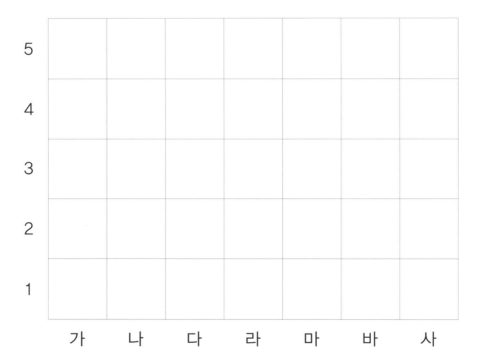

정답: (   ) (   )

11) 가로와 세로를 합치면? ★ ★ ★

◉ 다음의 글자와 숫자에 맞게 아래 네모칸을 색칠하면 어떤 글자가 나오게 됩니다. 글자를 완성하려면 (   ) 안에 어떤 글자와 숫자가 필요할지 적어 보세요.

> 가2, 가6, 나5, 사1, 가3, 마4, 가5, 가1, 라3,
> 사3, 사2, 다4, 가4, 사4, 사5, (   ), (   )

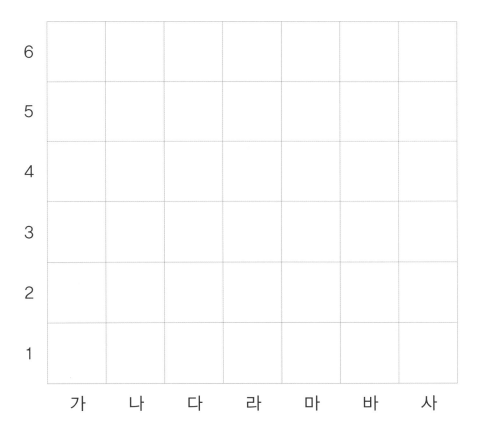

정답: (   ) (   )

12) 가로와 세로를 합치면? ★ ★ ★

👁 다음 좌표에 맞게 글자를 적으면 어떤 말이 완성됩니다.
좌표를 잘 보고, 그 위치에 색칠해 본 후, 어떤 말들이 완성되는지 적어 보세요.

	가	나	다	라	마	바
5	국	가	은	독	할	우
4	소	대	수	난	통	달
3	무	도	마	의	한	땅
2	곡	장	민	일	숙	원
1	선	리	종	는	나	강

1) 나4, 마3, 다2, 가5 ▷ ☐ ☐ ☐ ☐

2) 라5, 나3, 라1, 바5, 나1, 바3 ▷ ☐ ☐ ☐ ☐ ☐ ☐

3) 바5, 나1, 라3, 가4, 바2, 다5, 마4, 라2 ▷

☐ ☐ ☐ ☐ ☐ ☐ ☐ ☐

👁 〈예시〉와 같이 다음 표에서 그림이 그려진 위치를 <u>가로, 세로의 순으로</u> 따라가면 글자가 나옵니다. 그 글자를 조합해서 <u>문장</u>을 완성해 보세요.

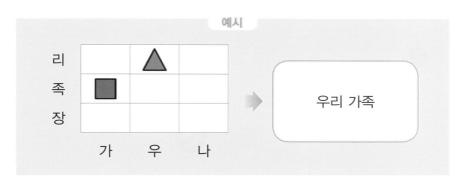

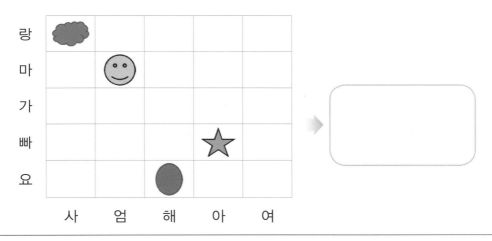

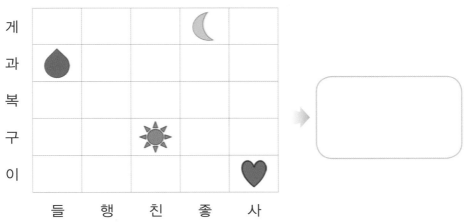

14) 가로와 세로를 합치면?

◉ 다음 표 안에 그려진 그림들을 각각 좌표로 표현해 보세요. 하나는 예시로 적혀 있어요.

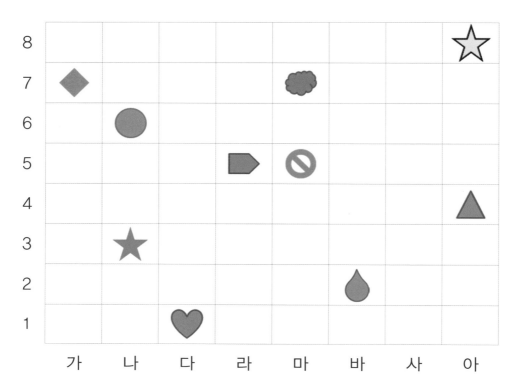

○ : 나6

💧 :

⭐ :

◆ :

🚫 :

❤ :

▲ :

🏷 :

★ :

☁ :

15) 가로와 세로를 합치면? ★ ★ ★

◉ 다음은 엄마가 심부름시키신 목록을 표로 정리해 놓은 것입니다. 누가 어떤 것들을 사야 할지 적어 보세요. 하나는 예시로 적혀 있어요.

	바나나	딸기	포도
당근	민정	서희	준호
감자	대현	수현	민규

민정: 예) 바나나, 당근

서희:

준호:

대현:

수현:

민규:

◉ 다음은 요일별로 해야 할 일들을 표로 정리해 놓은 것입니다. 어떤 요일에 무슨 일을 해야 하는지 적어 보세요.

	피아노 학원	태권도 학원
방 청소	월	목
방과 후 수업	화	금
심부름	수	토

월: 예) 방 청소, 피아노학원

화:

수:

목:

금:

토:

16) 가로와 세로를 합치면? ★★★

◉ 다음 표의 가로, 세로에 그려져 있는 물건들을 보고, 빈칸에 들어갈 물건들의 이름을 번호에 맞게 적어 보세요. <u>가로에 적힌 것을 먼저</u>, <u>세로에 적힌 것을 나중에</u> 적어 보세요. 하나는 예시로 적혀 있어요.

세로＼가로	(의자)	(시계)
(책상)	①	②
(책)	③	④

① 의자, 책상   ② ＿＿＿＿＿＿＿   ③ ＿＿＿＿＿＿＿   ④ ＿＿＿＿＿＿＿

◉ 다음 표의 가로, 세로에 그려져 있는 동물들을 보고, 빈칸에 들어갈 동물들의 이름을 번호에 맞게 적어 보세요. <u>가로에 적힌 것을 먼저</u>, <u>세로에 적힌 것을 나중에</u> 적어 보세요.

세로＼가로	(소)	(소, 말)	(소, 말, 양)
(개)	①	②	③
(개, 닭)	④	⑤	⑥

① ＿＿＿＿＿＿＿   ② ＿＿＿＿＿＿＿   ③ ＿＿＿＿＿＿＿

④ ＿＿＿＿＿＿＿   ⑤ ＿＿＿＿＿＿＿   ⑥ ＿＿＿＿＿＿＿

17) 가로와 세로를 합치면? ★ ★ ★

◉ 주어진 것처럼, 다음 표의 가로, 세로에 그려져 있는 도형을 보고, 빈칸에 알맞은 도형을 그려
보세요. <u>가로에 그려져 있는 것을 먼저</u>, <u>세로에 그려져 있는 것을 나중에</u> 그려 보세요.

문제 1

세로 ⟋ 가로	◎ ▷	♡ ◇
ㅴ	◎ ▷ ㅴ	
☾		

문제 2

세로 ⟋ 가로	□	□ ×	□ × △
♩ ○			
¤ ◇			

18) 가로와 세로를 합치면?

 다음 표에는 이번 주에 가족들이 한 일이 요일별로 나타나 있습니다.
잘 보고 아래 질문에 답해 보세요.

한 일 \ 가족	나	나, 동생	나, 동생, 엄마	나, 동생, 엄마, 아빠
도서관 가기	금	월		
산책		일		토
청소			수	
자전거 타기	화		목	

1) 나와 동생은 일요일에 무엇을 했나요?

2) 나는 수요일에 무엇을 했나요?

3) 나, 동생, 엄마가 목요일에 한 일은 무엇인가요?

4) 나와 동생이 함께 도서관에 간 것은 무슨 요일인가요?

5) 이번 주에 자전거를 두 번 탄 사람은 누구인가요?

6) 우리 가족이 다 함께 무슨 요일에 어떤 일을 했나요?

19) 가로와 세로를 합치면? ★ ★ ★

◉ 다음은 5월 달력의 일부와 날씨를 나타낸 것입니다.
가로는 오전 날씨, 세로는 오후 날씨를 의미합니다. 잘 보고 아래 질문들에 답해 보세요.

5월

오후 ＼ 오전	☀	☂	☁	☀
☀			1일	2일
☁	6일	7일	8일	9일
☂	13일	14일	15일	16일
☀	20일	21일	22일	23일

1) 상은이네 학교에서는 5월 6일에 소풍을 가려고 합니다. 이날 날씨는 어떨까요?

오전: _____   오후: _____

2) 빨래를 널기에 가장 적당한 날짜는 언제일지 모두 적어 보세요.
그리고 왜 그런지 말로 설명해 보세요.

3) 오후에 외출을 한다면 우산이 필요한 날은 언제일지 모두 적어 보세요.

나. 좌표를 통한 추론하기

🌱 1) 무엇이 들어가야 할까요? ★ ★ ★

👁 무게를 비교해 놓은 〈그림〉을 보고, 오른쪽 저울의 양쪽이 무게가 같아지려면 ❓ 에 무엇이 들어가야 할지 〈보기〉에서 골라 보세요.

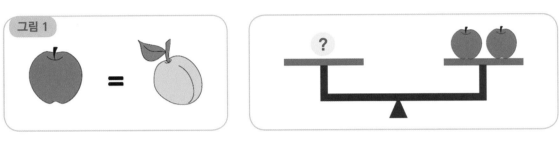

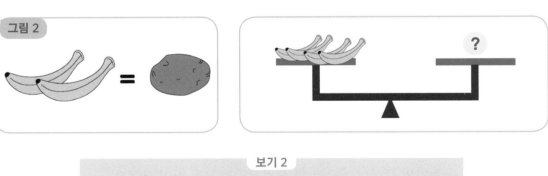

🌱 **2) 무엇이 들어가야 할까요?** ★ ★ ★

◉ 무게를 비교해 놓은 〈그림〉을 보고, 오른쪽 저울의 양쪽이 무게가 같아지려면 ❓ 에 무엇이 들어가야 할지 〈보기〉에서 골라 보세요.

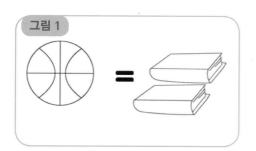

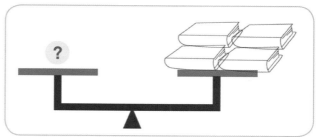

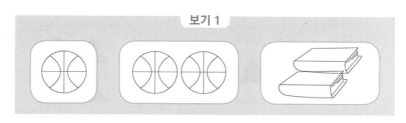

4

3) 무엇이 들어가야 할까요? ★ ★ ★

◉ 무게를 비교해 놓은 〈그림〉을 보고, 오른쪽 저울의 양쪽이 무게가 같아지려면 ? 에 무엇이 들어가야 할지 〈보기〉에서 골라 보세요.

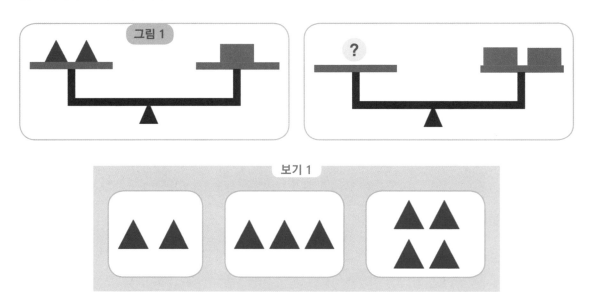

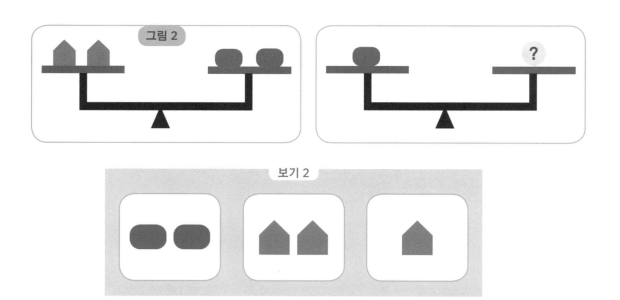

무게를 비교해 놓은 〈그림〉을 보고, 오른쪽 저울의 양쪽이 무게가 같아지려면 ? 에 무엇이 들어가야 할지 〈보기〉에서 골라 보세요.

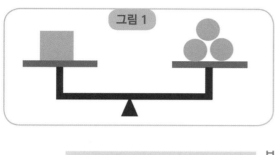

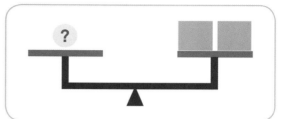

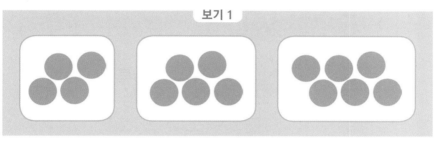

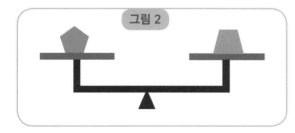

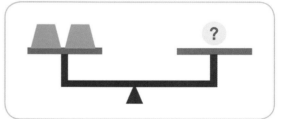

◉ 다음 표의 가로와 세로는 각각 어떤 자음과 모음을 나타냅니다. 채워진 칸을 보고, 색칠된 칸에 어떤 자음이나 모음이 들어가야 할지 각각의 칸을 알맞게 채워 보세요. 몇 개는 예시로 적혀 있어요.

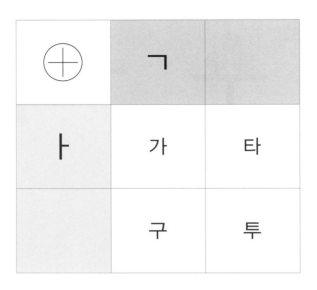

⊕	ㅅ		
ㅐ	새	매	채
ㅡ	스	므	츠
	시	미	치

6) 무엇이 들어가야 할까요? ★ ★ ★

◉ 다음 표의 가로와 세로는 각각 어떤 그림을 나타냅니다. 채워진 칸을 보고, 색칠된 칸에 어떤 그림이 들어가야 할지 각각의 칸을 알맞게 채워 보세요. 하나는 예시로 그려져 있어요.

7) 무엇이 들어가야 할까요? ★ ★ ★

◉ 다음 그림들을 잘 보고, 아래 문제에 답해 보세요.
(도형의 크기, 모양, 색깔, 갯수 등을 생각하며 문제를 풀어보세요.)

1) 왼쪽과 오른쪽 그림 사이의 관계는 어떻게 되나요?

2) 이 관계를 문장으로 나타내 보면 다음과 같습니다.

　큰 별과 작은 별의 관계는 _____ 과 _____ 의 관계와 같다.

3) 위쪽과 아래쪽 그림 사이의 관계는 어떻게 되나요?

4) 위의 표에서 빈 네모칸에 들어갈 그림을 다음 〈보기〉에서 찾아보세요.

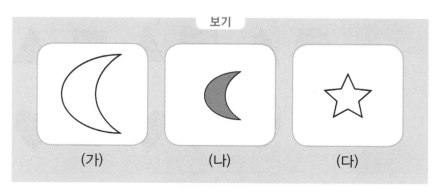

👁 다음 그림들을 잘 보고, 아래 문제에 답해 보세요.
(도형의 크기, 모양, 색깔, 갯수 등을 생각하며 문제를 풀어보세요.)

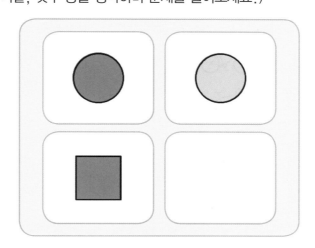

1) 왼쪽과 오른쪽 그림 사이의 관계는 어떻게 되나요?

2) 이 관계를 문장으로 나타내 보면 다음과 같습니다.

   _____ 과 _____ 의 관계는 _____ 과 _____ 의 관계와 같다.

3) 위쪽과 아래쪽 그림 사이의 관계는 어떻게 되나요?

4) 위의 표에서 빈 네모칸에 들어갈 그림을 다음 〈보기〉에서 찾아보세요.

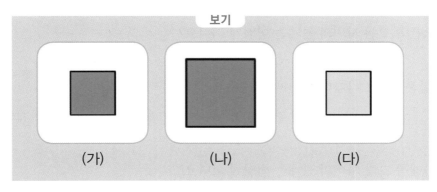

9) 무엇이 들어가야 할까요? ★★★

👁 다음 그림들을 잘 보고, 아래 문제에 답해 보세요.
(도형의 크기, 모양, 색깔, 갯수 등을 생각하며 문제를 풀어보세요.)

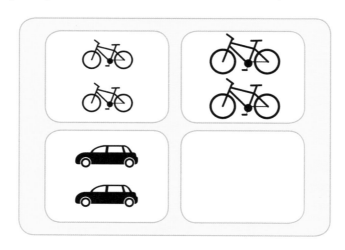

1) 위의 표에서 빈 네모칸에 들어갈 그림을 다음 〈보기〉에서 찾아보세요.

보기

(가)　　　　　(나)　　　　　(다)　　　　　(라)

2) 왼쪽과 오른쪽 그림 사이의 관계는 어떻게 되나요?

3) 이 관계를 문장으로 나타내 보면 다음과 같습니다.

　_____ 과 _____ 의 관계는 _____ 과 _____ 의 관계와 같다.

4) 위쪽과 아래쪽 그림 사이의 관계는 어떻게 되나요?

👁 다음 그림들을 잘 보고, 아래 문제에 답해 보세요.
(도형의 크기, 모양, 색깔, 갯수 등을 생각하며 문제를 풀어보세요.)

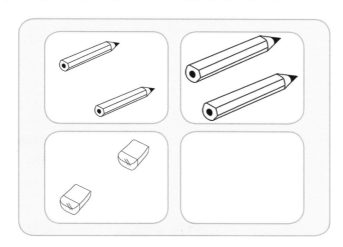

1) 위의 표에서 빈 네모칸에 들어갈 그림을 다음 〈보기〉에서 찾아보세요.

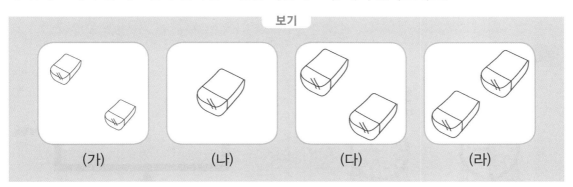

2) 왼쪽과 오른쪽 그림 사이의 관계는 어떻게 되나요?

3) 이 관계를 문장으로 나타내 보면 다음과 같습니다.

_____ 과 _____ 의 관계는 _____ 과 _____ 의 관계와 같다.

4) 위쪽과 아래쪽 그림 사이의 관계는 어떻게 되나요?

11) 무엇이 들어가야 할까요?

아래의 왼쪽 저울을 보고, 오른쪽 저울의 양쪽이 무게가 같아지려면 **?** 에 무엇이 들어가야 할지 〈보기〉에서 골라 보세요.

문제 1

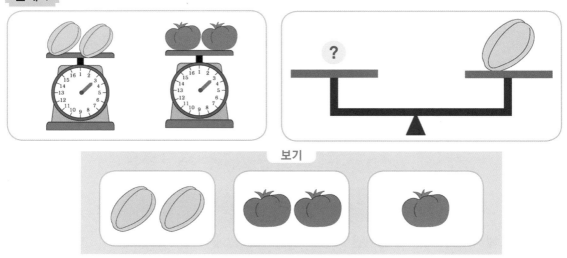

보기

문제 2

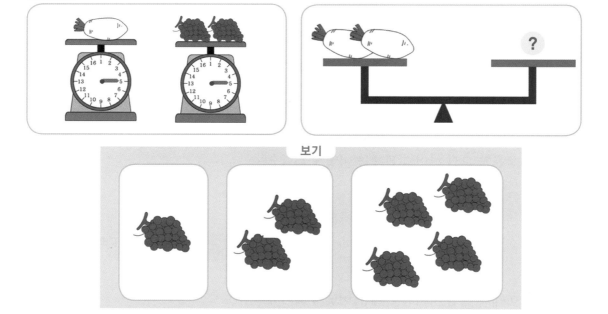

보기

12) 무엇이 들어가야 할까요?

🎯 아래의 왼쪽 저울을 보고, 오른쪽 저울의 양쪽이 무게가 같아지려면 ? 에 무엇이 들어가야 할지 〈보기〉에서 골라 보세요.

문제 1

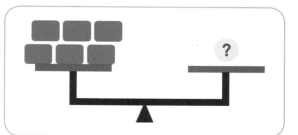

보기

문제 2

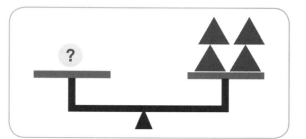

보기

13) 무엇이 들어가야 할까요?

다음 표의 가로와 세로는 각각 어떤 숫자를 나타냅니다. 채워진 칸을 보고, 색칠된 칸에 어떤 숫자가 들어가야 할지 각각의 칸을 알맞게 채워 보세요. 몇 개는 예시로 적혀 있어요.

$+$	2	
4	24	74
	20	70

$+$	4		
	46	16	86
37	437	137	837
	48	18	88

다음 표의 가로와 세로는 각각 어떤 글자를 나타냅니다. 채워진 칸을 보고, 색칠된 칸에 어떤 글자가 들어가야 할지 각각의 칸을 알맞게 채워 보세요. 몇 개는 예시로 적혀 있어요.

⊕	두	
부	두부	주부
	두리	주리

⊕	나		
	나물	그물	산물
	나중	그중	산중
비도	나비도	그비도	산비도

15) 무엇이 들어가야 할까요? ★ ★ ★

◉ 아래의 각 표에서 빈 네모칸에 들어갈 그림을 〈보기〉에서 찾아보세요.

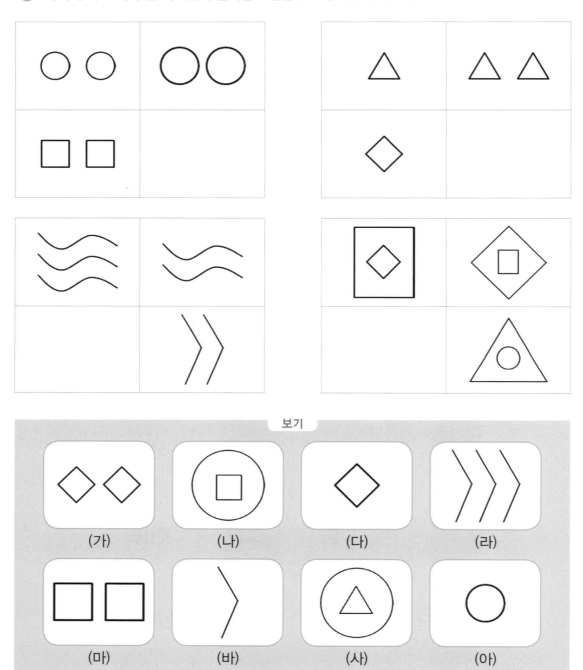

⊙ 아래의 각 표에서 빈 네모칸에 들어갈 그림을 직접 그리거나 적어 보세요.

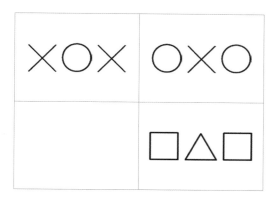

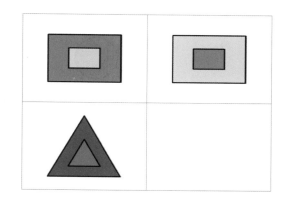

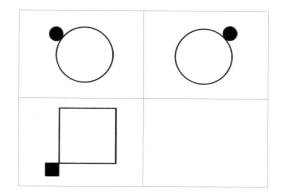

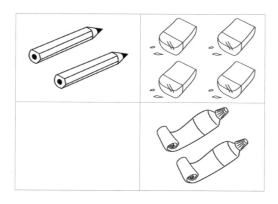

호	후
코	

◉ 다음 표의 빈칸에 들어갈 알맞은 그림을 〈보기〉에서 각각 찾고, 그 이유를 말해 보세요.

문제 1

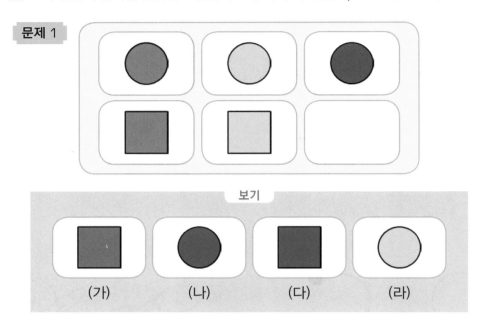

문제 2

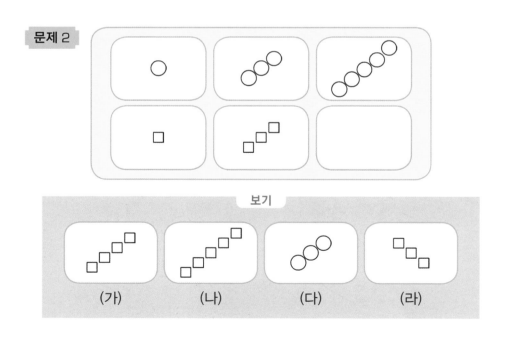

18) 무엇이 들어가야 할까요? ★★★

◉ 각각의 표의 빈칸에 들어갈 알맞은 그림을 직접 그려 보세요.

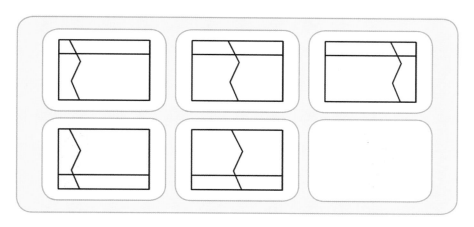

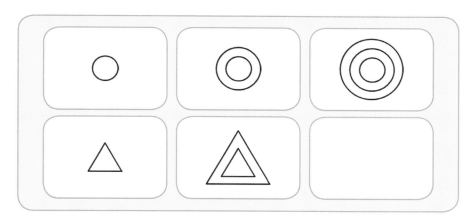

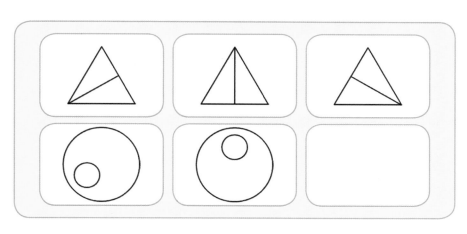

◉ 각각의 표의 빈칸에 들어갈 알맞은 그림을 직접 그려 보세요.

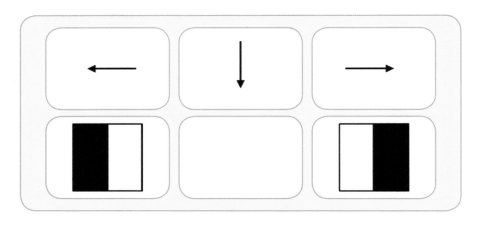

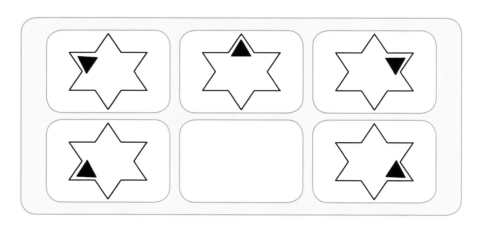

20) 무엇이 들어가야 할까요? ★ ★ ★

👁 각각의 표의 빈칸에 들어갈 알맞은 글씨나 그림을 직접 쓰거나 그려 보세요.

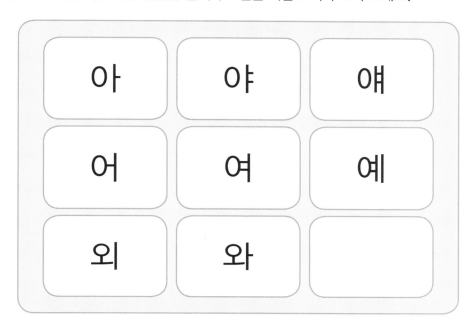

21) 무엇이 들어가야 할까요? ★ ★ ★

◉ 각각의 표의 빈칸에 들어갈 알맞은 글씨나 그림을 직접 그려 보세요.

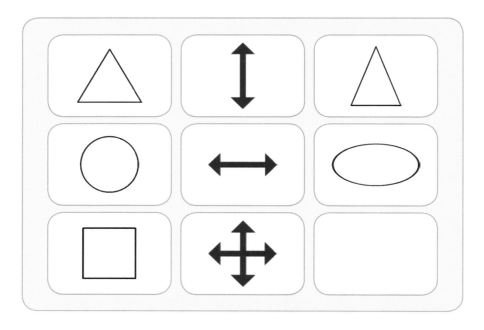

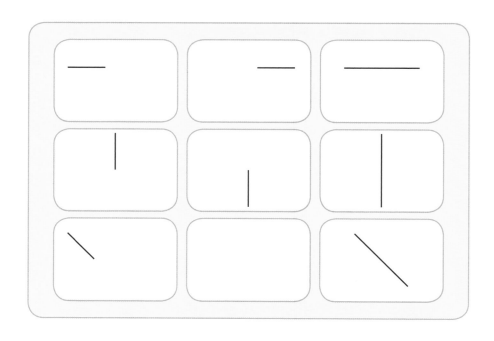

◉ 다음 표의 빈칸에 들어갈 알맞은 그림을 〈보기〉에서 찾아보세요.

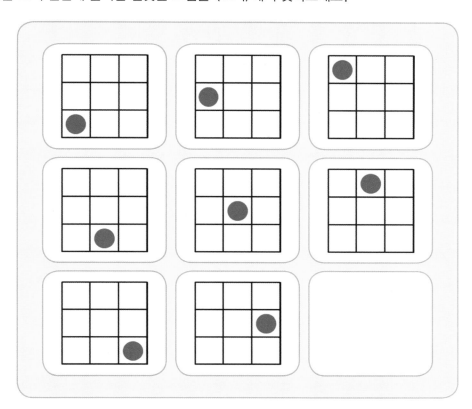

보기

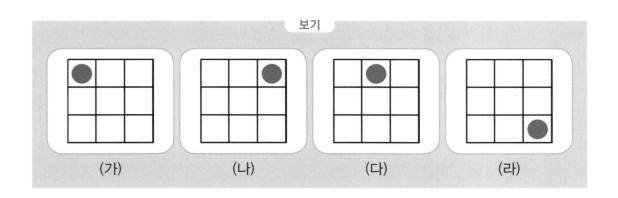

(가)　　　　　(나)　　　　　(다)　　　　　(라)

23) 무엇이 들어가야 할까요? ★ ★ ★

◉ 다음 표의 빈칸에 들어갈 알맞은 그림을 〈보기〉에서 찾아보고, 그 이유를 설명해 보세요.

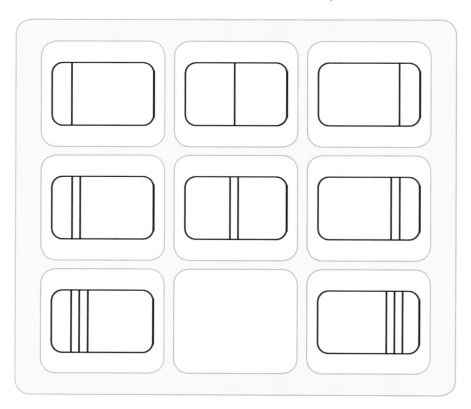

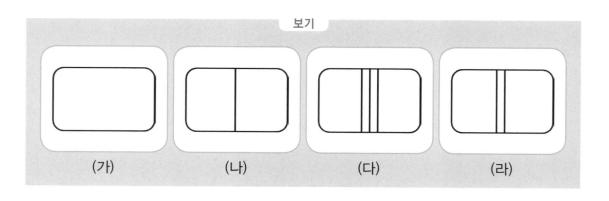

24) 무엇이 들어가야 할까요? ★ ★ ★

◉ 다음 표의 빈칸에 들어갈 알맞은 그림을 〈보기〉에서 찾아보고, 그 이유를 설명해 보세요.

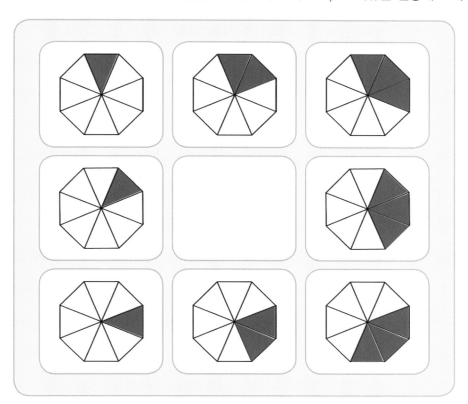

보기

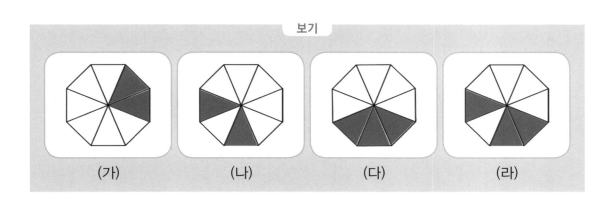

(가)　　　　　(나)　　　　　(다)　　　　　(라)

25) 무엇이 들어가야 할까요? ★ ★ ★

◉ 다음 표의 빈칸에 들어갈 알맞은 그림을 〈보기〉에서 찾아보고, 그 이유를 설명해 보세요.

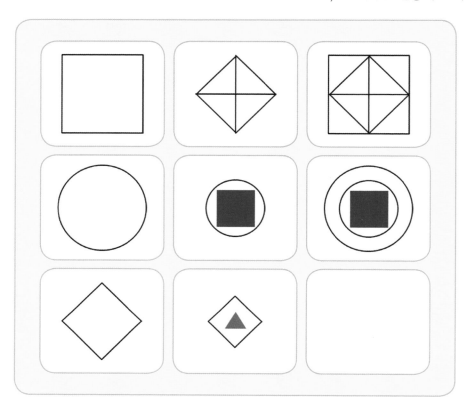

보기

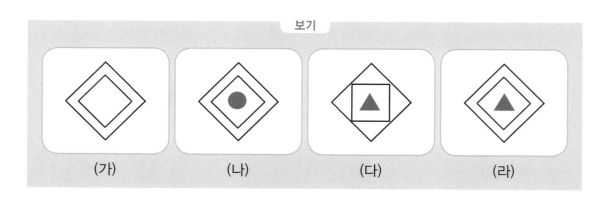

👁 다음 표의 빈칸에 들어갈 알맞은 그림을 〈보기〉에서 찾아보고, 그 이유를 설명해 보세요.

보기

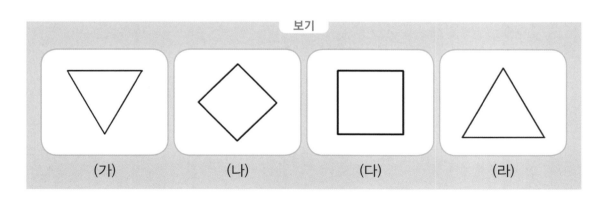

(가)   (나)   (다)   (라)

27) 무엇이 들어가야 할까요? ★ ★ ★

👁 다음 표의 빈칸에 들어갈 알맞은 그림을 〈보기〉에서 찾아보고, 그 이유를 설명해 보세요.

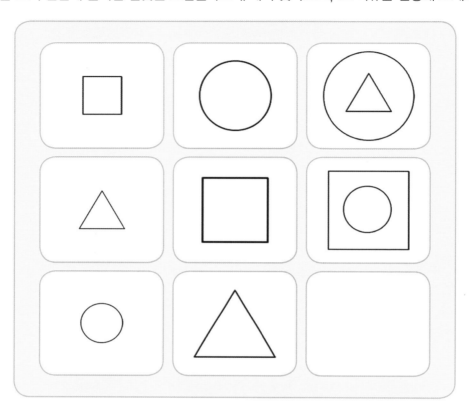

보기

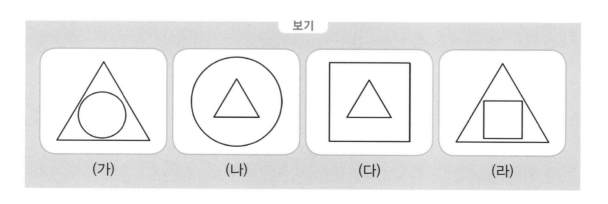

(가)　　　　(나)　　　　(다)　　　　(라)

5. 순서맞추기

〈지도방법〉

- 세부적인 것에 주의를 기울이도록 강조합니다.
- 부분과 전체의 관계를 지적합니다.
- 그림에서 빠진 부분/추가된 부분/어색한 부분을 찾거나 그리게 합니다.
- 치료실(교실 등) 안에 물건을 숨기고 찾게 합니다.
- 치료실(교실 등) 안에 있는 사물들을 관찰하고 그것의 용도, 크기, 모양 등이 유사한 또 다른 사물을 찾거나 말합니다.
- 숫자나 글자를 순서대로 이어서 형태를 완성합니다.
- 모양이 유사한 글자들 간의 차이를 찾습니다(예: ㅏ vs. ㅓ, ㄱ vs. ㅋ, O vs. Q, b vs. d).
- 제시된 자극들의 규칙을 찾고, 그에 따라 빠진 곳을 채웁니다.
- 주어진 일련의 글자들 안에서 숨겨진 단어를 찾습니다.
- 불완전한 문장, 단어, 글자, 자모음, 그림 등을 제시하고 빠진 글자나 일부분을 채우도록 합니다.
- 한 문단 내에서 같은 단어를 찾습니다.
- 지도를 보고 여행 계획을 세워 봅니다. 즉, 특정 도시들을 찾고 어떤 경로로 여행을 할지 순서대로 말합니다. 이때 중요한 위치와 상세한 것을 말로 설명합니다.
- 그림, 책, 사진 등을 보고 특정 부분을 지정하여 그것의 세부적인 특징을 묘사합니다.
- 그림과 물체를 왼쪽부터 오른쪽으로 순서대로 놓습니다.
- 특정한 이야기(사건)가 이루어지도록 그림 카드 혹은 사진을 왼쪽부터 오른쪽으로 순서대로 놓습니다.
- 만화조각들을 하나의 이야기가 완성되도록 올바른 순서대로 놓습니다.
- 동물, 모양, 특정 물체를 큰 것부터 작은 것, 작은 것에서부터 큰 순서대로 놓습니다.
- 짧은 이야기를 읽거나 들은 후 적절한 순서대로 그림을 그리거나 말로 표현합니다.
- 각종 카드, 물체 등을 사용하여 처음, 마지막, 끝에서 두 번째, 전 그리고 후 등 순서의

개념에 대해 익힙니다.

- 일상생활에서 알고 있어야 하는 신호 혹은 그림을 특정한 순서대로 배열합니다.
- 일렬로 배열된 물체나 사람을 보고 서수(첫째, 둘째, …)로 세어 봅니다.
- 연재만화를 크기에 맞춰 잘라서, 판지나 스케치북에 올바른 순서대로 붙인 후 이야기를 만들어 설명해 봅니다.
- 순서가 뒤죽박죽인 자음, 모음, 숫자 등을 올바른 순서대로 배열합니다.
- 뒤죽박죽 뒤섞여 있는 일상생활 활동(예: 씻기, 식사하기, 장보기 등)을 올바른 순서에 맞게 배열합니다.
- 뒤섞여 있는 단어들의 순서를 맞추어 문법적으로 정확한 문장을 완성합니다.
- 여러 가지 게임을 하기 위해 필요한 단계를 순서대로 이야기하거나 적어 봅니다.
- 무작위로 제시된 여러 문장을 읽고 특정 줄거리에 맞게 재구성합니다.
- 다양한 만들기 혹은 요리 과제와 관련 있는 과정을 순서대로 말합니다.
- 최근 경험한 일을 올바른 순서에 따라 언어로 묘사합니다.
- 구두로 제시된 지시에 따라 정확한 순서대로 그림을 그립니다.

가. 세부 특징에 주의 기울이기

 1) 빠진 부분을 찾아 주세요 ★★★

◉ 다음은 지하철 노선도의 일부입니다. 빠진 부분에 들어갈 알맞은 그림을 〈보기〉에서 골라 보세요.

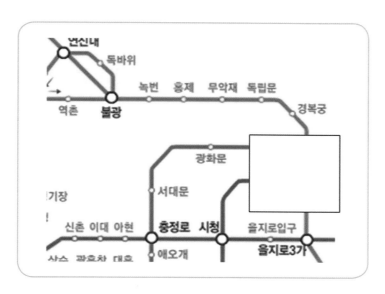

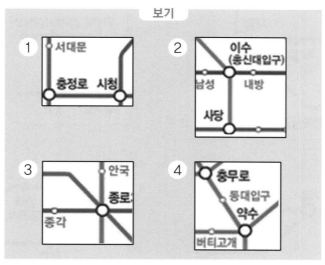

2) 빠진 부분을 찾아 주세요 ★ ★ ★

👁 다음은 지하철 노선도의 일부입니다. 빠진 부분에 들어갈 알맞은 그림을 〈보기〉에서 골라 보세요.

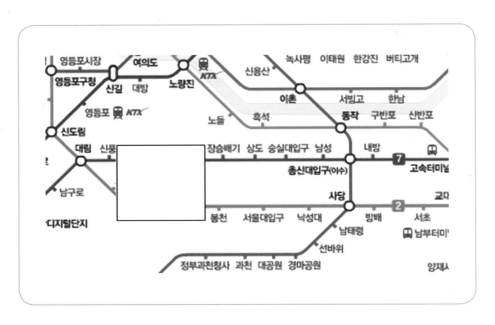

보기

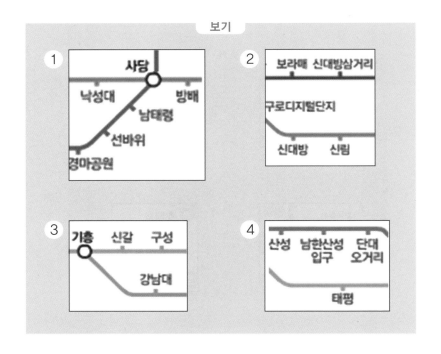

◉ 다음 왼쪽의 그림을 완성하기 위한 알맞은 조각을 오른쪽의 〈보기〉에서 찾아보세요.

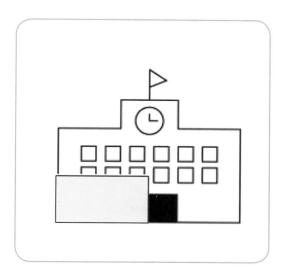

보기

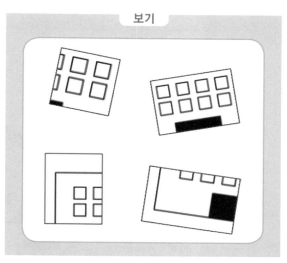

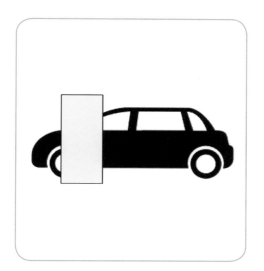

보기

◉ 다음은 어느 지역의 약도의 일부입니다. 4군데의 빠진 부분에 들어갈 그림들을 〈보기〉에서 골라 빈 칸에 알맞은 번호를 각각 적어 보세요.

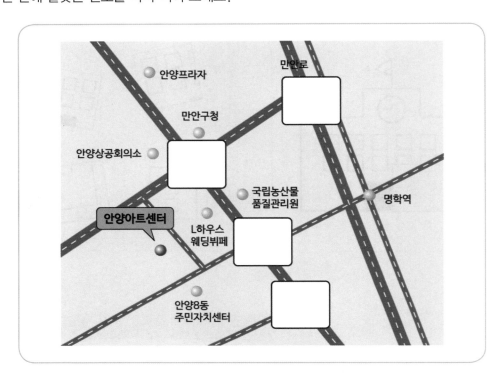

보기

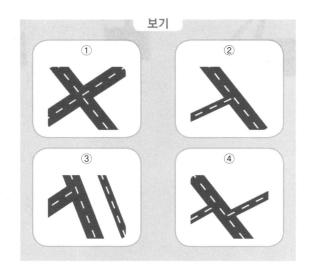

🌱 5) 빠진 부분을 찾아 주세요 ★★★

◉ 다음 왼쪽의 그림을 완성하기 위한 알맞은 조각을 오른쪽의 〈보기〉에서 찾아보세요.

보기

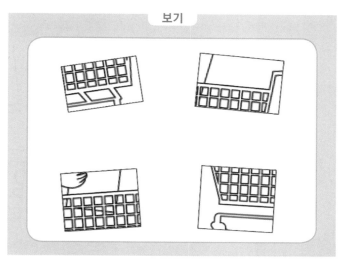

보기

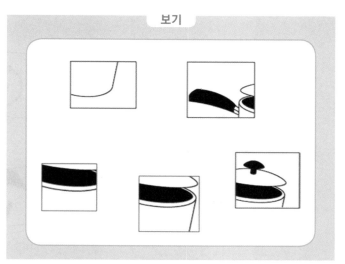

👁 다음 왼쪽의 그림을 완성하기 위한 알맞은 조각을 오른쪽의 〈보기〉에서 찾아보세요.

보기

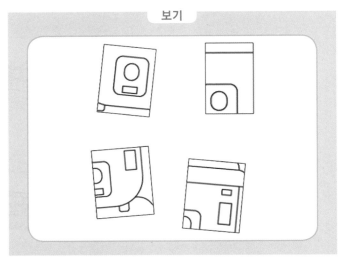

보기

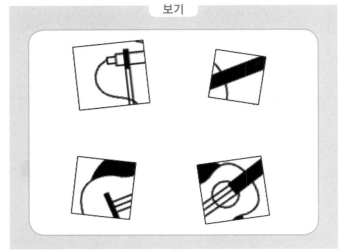

7) 빠진 부분을 찾아 주세요 ★★★

다음 왼쪽의 그림을 완성하기 위한 알맞은 조각을 오른쪽의 〈보기〉에서 찾아보세요.

보기

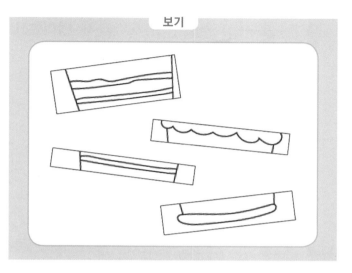

보기

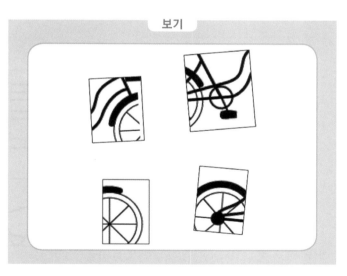

8) 빠진 부분을 찾아 주세요 ★★★

◉ 다음 왼쪽의 그림을 완성하기 위한 알맞은 조각을 오른쪽의 〈보기〉에서 찾아보세요.

보기

보기

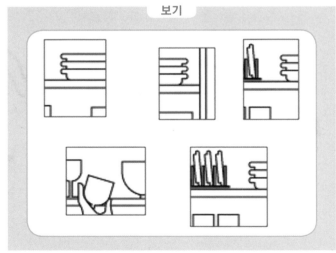

![새싹] 9) 빠진 부분을 찾아 주세요 ★ ★ ★

◉ 다음은 지하철 노선도의 일부입니다. 6군데의 빠진 부분에 들어갈 그림들을 〈보기〉에서 골라 빈칸에 알맞은 번호를 각각 적어 보세요.

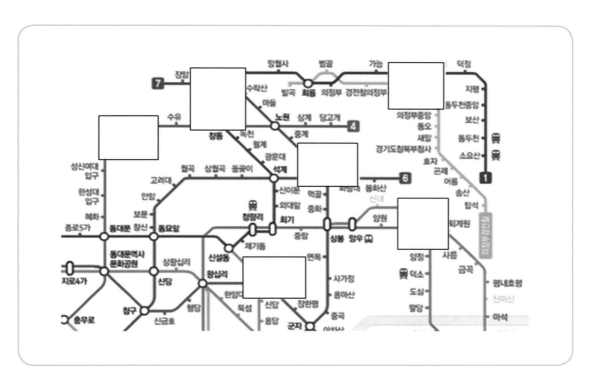

보기

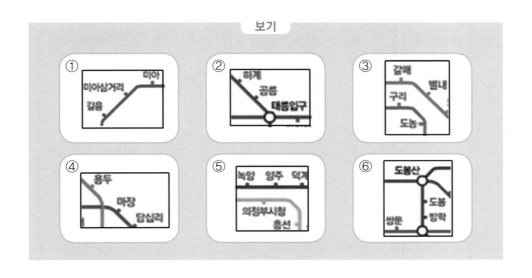

가. 세부 특징에 주의 기울이기 **347**

🌱 10) 빠진 부분을 찾아 주세요 ★★★

◉ 다음은 지하철 노선도의 일부입니다. 6군데의 빠진 부분에 들어갈 그림들을 〈보기〉에서 골라 빈칸에 알맞은 번호를 각각 적어 보세요.

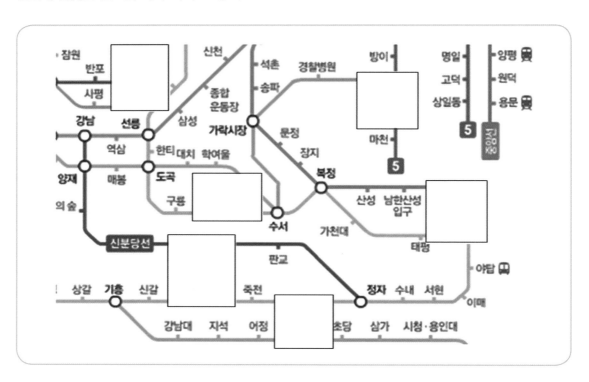

보기

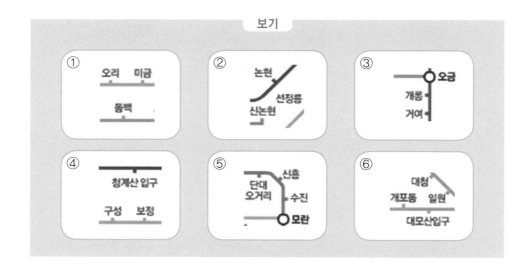

◉ 다음은 어느 지역의 약도의 일부입니다. 6군데의 빠진 부분에 들어갈 그림들을 〈보기〉에서
골라 빈칸에 알맞은 번호를 각각 적어 보세요.

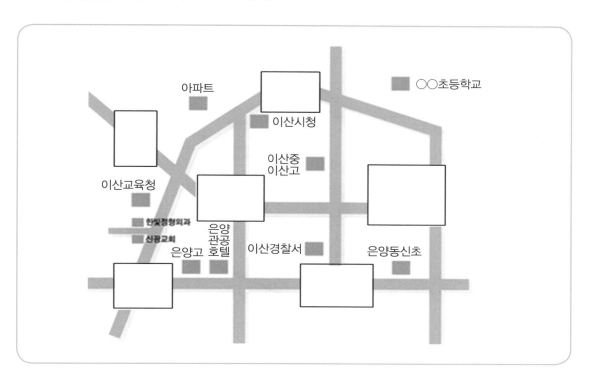

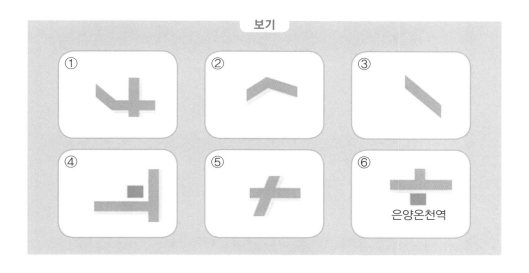

12) 빠진 부분을 찾아 주세요 ★ ★ ★

◉ 다음은 어느 지역의 약도의 일부입니다. 6군데의 빠진 부분에 들어갈 그림들을 〈보기〉에서 골라 빈칸에 알맞은 번호를 각각 적어 보세요.

👁 다음 왼쪽의 그림을 완성하기 위한 알맞은 조각을 오른쪽의 〈보기〉에서 찾아보세요.

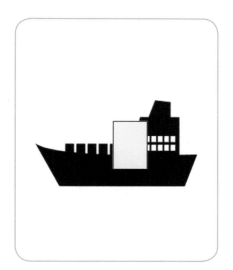

보기

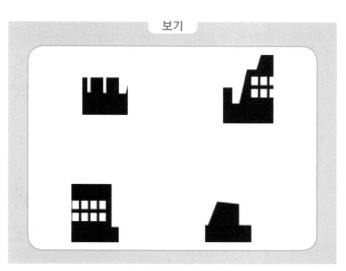

5

보기

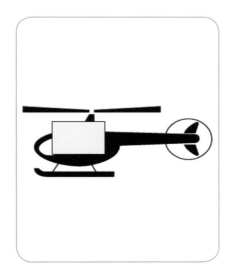

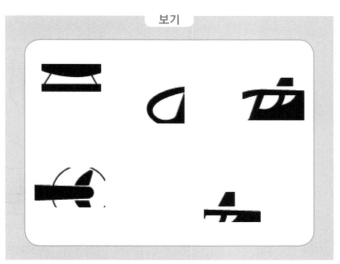

👁 다음 왼쪽의 그림을 완성하기 위한 알맞은 조각을 오른쪽의 〈보기〉에서 찾아보세요.

보기

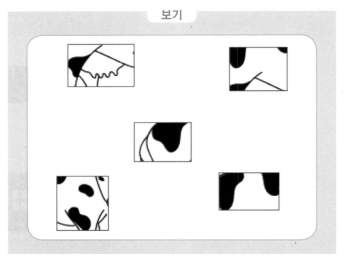

보기

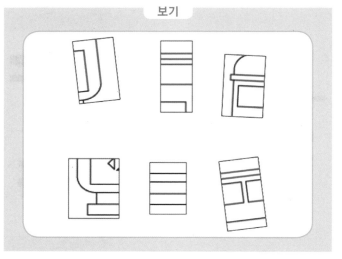

1) 어색한 부분을 찾아 주세요 ★ ★ ★

 각각의 그림에서 <u>어색한 부분</u>을 적어 보세요.

[   ]

[   ]

[   ]

[   ]

🌱 2) 어색한 부분을 찾아 주세요 ★ ★ ★

◉ 각각의 그림에서 무엇이 <u>어색한지</u> 찾아보세요.

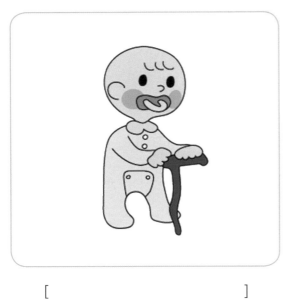

[   ]

[   ]

[   ]

[   ]

3) 어색한 부분을 찾아 주세요 ★ ★ ★

◉ 각각의 그림에서 무엇이 어색한지 찾아보세요.

4) 어색한 부분을 찾아 주세요

◉ 각각의 그림에서 무엇이 어색한지 찾아보세요.

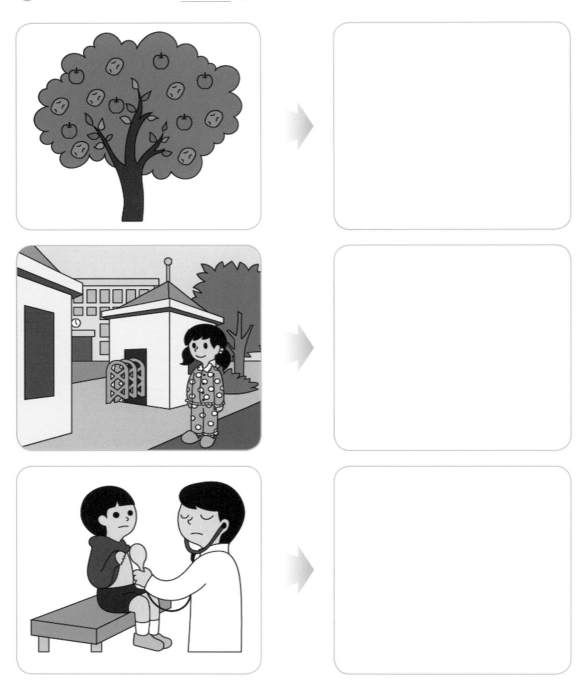

5) 어색한 부분을 찾아 주세요   ★ ★ ★

👁 다음 그림을 잘 살펴본 후에, <u>어색한 부분을</u> <u>최대한 많이</u> 찾아 적어 보세요.

 6) 어색한 부분을 찾아 주세요 ★ ★ ★

⊙ 다음 그림을 잘 살펴본 후에, 어색한 부분을 최대한 많이 찾아 적어 보세요.

7) 어색한 부분을 찾아 주세요 ★ ★ ★

👁 다음 그림을 잘 살펴본 후에, 어색한 부분을 최대한 많이 찾아 적어 보세요.

◉ 다음 그림을 잘 살펴본 후에, <u>어색한 부분</u>을 <u>최대한 많이</u> 찾아 적어 보세요.

◉ 다음 두 그림을 잘 살펴보고, 서로 다른 부분을 찾아 동그라미 하세요. (7개)

👁 다음 두 그림을 잘 살펴보고, 서로 다른 부분을 찾아 동그라미 하세요. (7개)

⊙ 다음 두 그림을 잘 살펴보고, <u>서로 다른 부분</u>을 찾아보세요. (7개)

◉ 다음 두 그림을 잘 살펴보고, 서로 다른 부분을 찾아보세요. (9개)

◉ 다음 두 그림을 잘 살펴보고, 서로 다른 부분을 찾아보세요. (12개)

나. 불완전한 부분 완성하기

🌱 1) 부족한 부분을 찾아 완성하세요 ★ ★ ★

◉ 다음의 그림들을 보고 단어의 빠진 부분을 알맞게 적어 단어를 완성해 보세요.

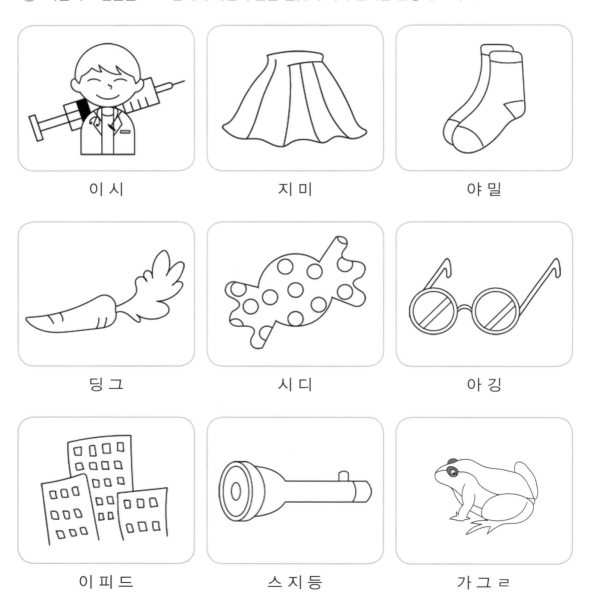

이 시	지 미	야 밀
딩 그	시 디	아 깅
이 피 드	스 지 등	가 그 ㄹ

◉ 다음의 그림들을 보고 아래에 적힌 글자의 빠진 부분을 알맞게 적어 단어를 완성해 보세요.

사 다 ㅣ

원 승 ㅇ

서 닥 기

스 화 기

시 풍 기

흐 링 이

검 푸 터

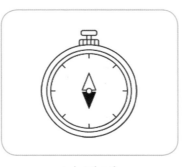

니 짐 바

우 등 호

5

◉ 다음의 그림들을 보고 아래에 적힌 글자의 빠진 부분을 알맞게 적어 단어를 완성해 보세요.

ㅋㅔ 이 그

지 도 자

상 득 다

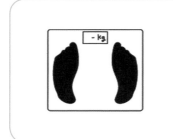

저 중 기

힐 리 콥 더

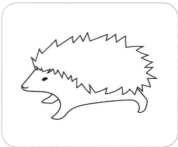

고 슴 드 치

비 ㅡ 민 딘

엘 리 ㅔ 이 더

즉 ㄱ 그

◉ 동생이 단어 쓰기 연습을 하는데, 빼먹고 쓴 부분들이 있네요!
단어가 되도록 빠진 부분을 채워서 적어 보세요.

학 고	등 화 책
지 히 철	부 억
놀 ㅣ 터	즈 전 자
징 미	게 단
슨 진 등	비 나 나

◉ 동생이 단어 쓰기 연습을 하는데, 빼먹고 쓴 부분들이 있네요!
단어가 되도록 빠진 부분을 채워서 적어 보세요.

고 ㅅ ㅁ ㅅ	손 목 시 계
족 입 식	유 우 싱 종
워 드 겁	열 쇠 고 니
시 믈 놀 이	그 리 스 나 스
완 경 호 르 모	정 월 ㄷㅔ 보 름

🌱 6) 부족한 부분을 찾아 완성하세요 ★ ★ ★

◉ 〈보기〉와 같은 그림이 되도록 오른쪽 그림에서 빠진 부분을 채워 그려 보세요.

보기

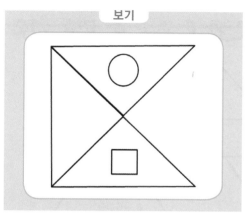

보기

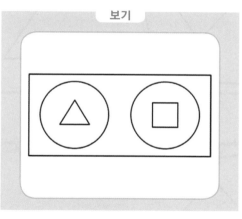
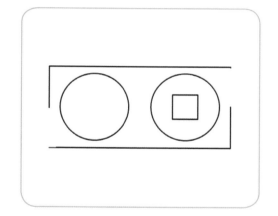

보기

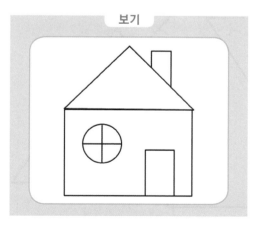
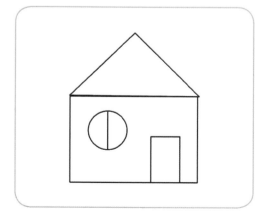

5

7) 부족한 부분을 찾아 완성하세요 ★ ★ ★

◉ 그림 1 과 비교하여, 그림 2 에 빠진 선을 그려 넣으세요. (필요하면 자를 사용해도 좋아요)

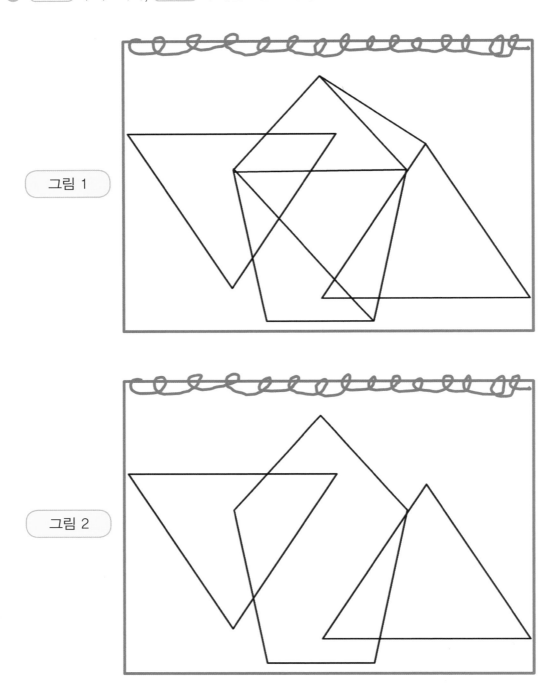

그림 1

그림 2

◉ 〈보기〉와 같은 그림이 되도록 아래 그림에서 빠진 부분을 채워 그려 보세요.

보기 1

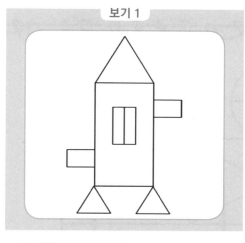

보기 2

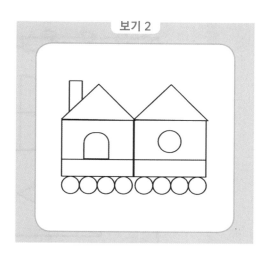

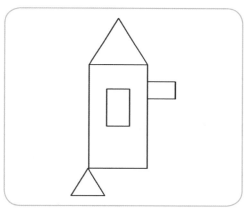

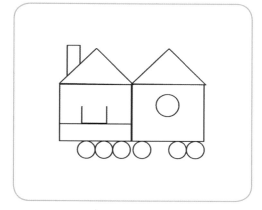

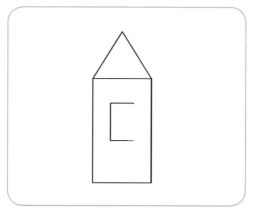

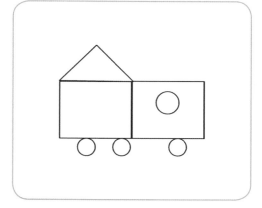

◉ 그림 1 과 비교하여, 그림 2 에 빠진 선을 그려 넣으세요. (필요하면 자를 사용해도 좋아요.)

그림 1

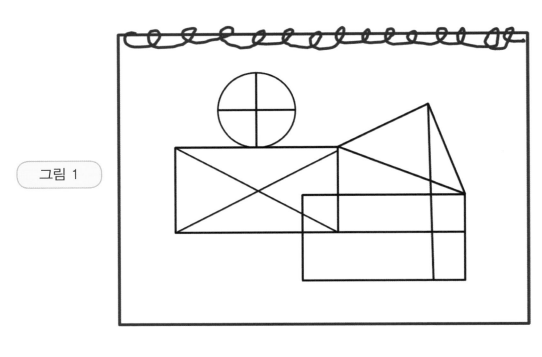

그림 2

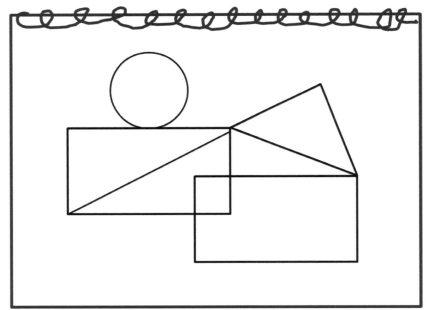

◉ (그림 1)과 비교하여, (그림 2)에 빠진 선을 그려 넣으세요. (필요하면 자를 사용해도 좋아요.)

그림 1

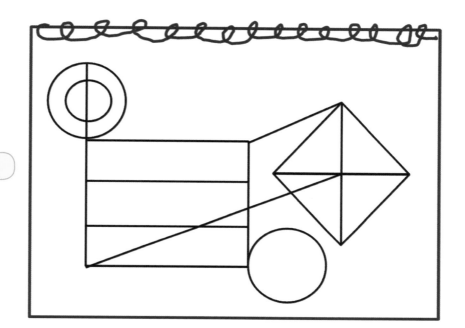

그림 2

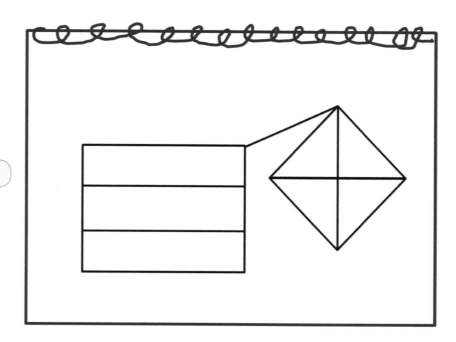

🌱 11) 부족한 부분을 찾아 완성하세요 ★★★

◉ 동생이 일기를 썼는데 글자를 잘못 쓴 부분들이 있네요! 틀리게 쓴 부분들을 찾아 올바르게 고쳐 주세요.

7	월		7	익				
으	늘	의		나	씨	:	말	음
〈	지	목	〉	늘	이	긍	원	

	오	늘		가	즉	들	이	링	
함	게		놀	이	공	원	에		갔
다	.	자	미	있	는		놀	이	기
그	도		타	고		맛	이	는	
것	도		만	이		먹	었	디	.
정	밀		즐	기	웠	다	.	형	도
즐	기	워		보	었	디	.	다	음
에		또		왔	으	민		종	겠
다	.								

◉ 동생이 일기를 썼는데 글자를 잘못 쓴 부분들이 있네요! 틀리게 쓴 부분들을 찾아 올바르게 고쳐 주세요.

5	월		6	이		그	요	일	
오	느	ㅢ		날	시	:	으	림	
	어	짓	빔		일	직		잤	ㅏ.
아	짐	에		정	말		기	분	좋
게		힉	교	에		갔	다	.	그
런	더		생	각	해	보	니		오
늘	까	시		슥	제	가		있	었
는	데		어	제		친	구	랑	
노	느	라		감	박	하	고		못
해	서		벌	을		반	았	다	.
다	음	에	는		슥	제	를		잘
해	외	야	겟	다	.				

◉ 　그림 1 　과 비교하여, 　그림 2 　에 빠진 선을 그려 넣으세요. (필요하면 자를 사용해도 좋아요.)

그림 1　　　　　　　　　　　　　　　그림 2

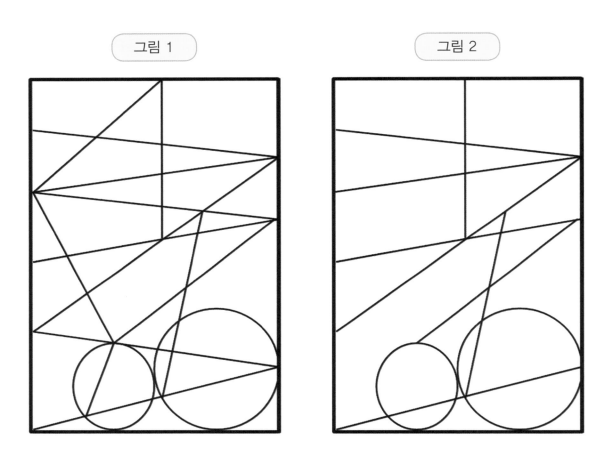

14) 부족한 부분을 찾아 완성하세요 ★ ★ ★

◉ 그림 1 과 비교하여, 그림 2 에 빠진 선을 그려 넣으세요. (필요하면 자를 사용해도 좋아요.)

그림 1

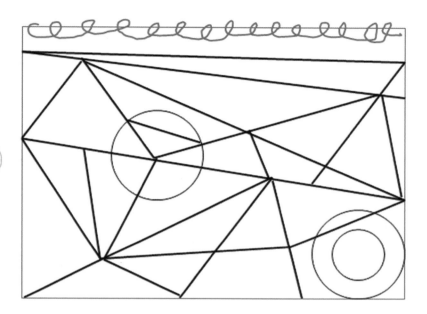

그림 2

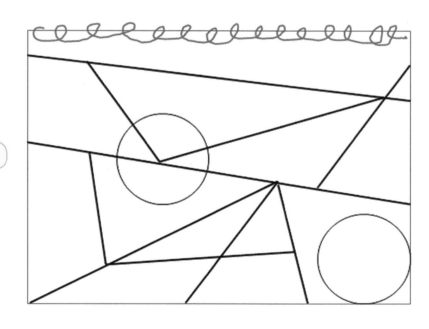

◉ 그림 1 과 비교하여, 그림 2 에 빠진 선을 그려 넣으세요. (필요하면 자를 사용해도 좋아요.)

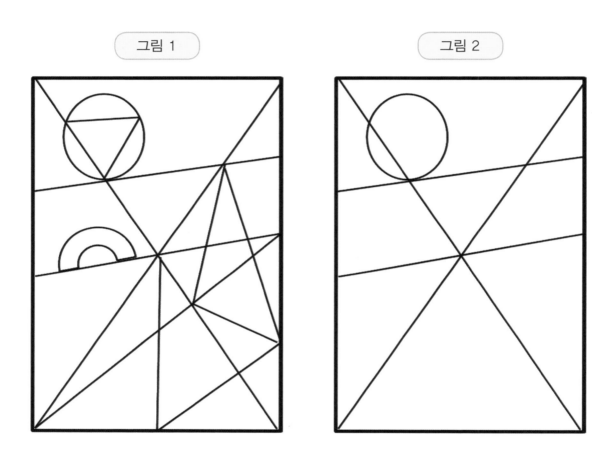

그림 1

그림 2

다. 순서에 맞게 배열하기

🌱 1) 어떤 상황일까요? ★ ★ ★

◉ 동물이 자라는 순서가 뒤섞여 있습니다. 순서에 맞게 번호를 적어 보세요.

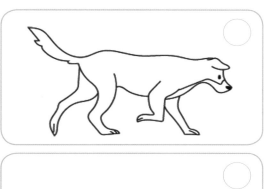

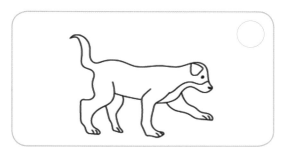

5

새가 부화하는 순서가 뒤섞여 있습니다. 순서에 맞게 번호를 적어 보세요.

3) 어떤 상황일까요? ★ ★ ★

◉ 주어진 그림들을 잘 살펴본 후, 일이 일어난 순서대로 번호를 적어 보세요.
그리고 난 후, 아래의 질문에 답해 보세요.

(   )   (   )   (   )

◆ 다음의 상황을 조금 더 자세하게 알아봅시다.
그림의 상황을 육하원칙에 맞게 적어 보세요. (상상도 가능합니다!)

누가 _____

언제 _____

어디서 _____

무엇을 _____

어떻게 _____

왜 _____

4) 어떤 상황일까요? ★ ★ ★

◉ 주어진 그림들을 잘 살펴본 후, 일이 일어난 순서대로 번호를 적어 보세요.
그리고 난 후, 아래의 질문에 답해 보세요.

상황 1

 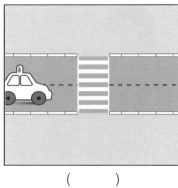 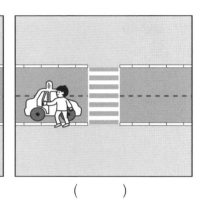

(   )   (   )   (   )

1) 무슨 상황인가요?

2) 왜 그렇게 생각했나요?

3) 이다음에 일어날 상황을 자유롭게 이야기해 보세요.

상황 2

(   )   (   )   (   )

1) 무슨 상황인가요?

2) 왜 그렇게 생각했나요?

3) 이다음에 일어날 상황을 자유롭게 이야기해 보세요.

5) 어떤 상황일까요? ★ ★ ★

◉ 주어진 그림들을 잘 살펴본 후, 일이 일어난 순서대로 번호를 적어 보세요.
그리고 난 후, 아래의 질문에 답해 보세요.

상황 1

  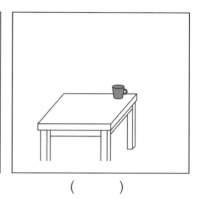

(   )   (   )   (   )

1) 무슨 상황인가요?

2) 왜 그렇게 생각했나요?

3) 이다음에 일어날 상황을 자유롭게 이야기해 보세요.

상황 2

(   )   (   )   (   )

1) 무슨 상황인가요?

2) 왜 그렇게 생각했나요?

3) 이다음에 일어날 상황을 자유롭게 이야기해 보세요.

6) 어떤 상황일까요? ★★★

◉ 주어진 그림들을 잘 살펴본 후, 일이 일어난 순서대로 번호를 적어 보세요.
그리고 난 후, 아래의 질문에 답해 보세요.

상황 1

(   )   (   )   (   )

1) 무슨 상황인가요?

2) 왜 그렇게 생각했나요?

3) 이다음에 일어날 상황을 자유롭게 이야기해 보세요.

상황 2

(   )   (   )   (   )

1) 무슨 상황인가요?

2) 왜 그렇게 생각했나요?

3) 이다음에 일어날 상황을 자유롭게 이야기해 보세요.

🌱 7) 어떤 상황일까요? ★★★

◉ 주어진 그림들을 잘 살펴본 후, 일이 일어난 순서대로 번호를 적어 보세요.
그리고 난 후, 아래의 질문에 답해 보세요.

상황 1

  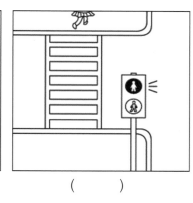

(   )   (   )   (   )

1) 무슨 상황인가요?

2) 왜 그렇게 생각했나요?

3) 이다음에 일어날 상황을 자유롭게 이야기해 보세요.

상황 2

(   )   (   )   (   )

1) 무슨 상황인가요?

2) 왜 그렇게 생각했나요?

3) 이다음에 일어날 상황을 자유롭게 이야기해 보세요.

🌱 8) 어떤 상황일까요? ★ ★ ★

◉ 주어진 그림들을 잘 살펴본 후, 일이 일어난 순서대로 번호를 적어 보세요.
그리고 난 후, 아래의 질문에 답해 보세요.

상황 1

  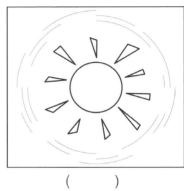

(　　　)　　　　　　(　　　)　　　　　　(　　　)

1) 무슨 상황인가요?

2) 왜 그렇게 생각했나요?

3) 이다음에 일어날 상황을 자유롭게 이야기해 보세요.

상황 2

(　　　)　　　　　　(　　　)　　　　　　(　　　)

1) 무슨 상황인가요?

2) 왜 그렇게 생각했나요?

3) 이다음에 일어날 상황을 자유롭게 이야기해 보세요.

9) 어떤 상황일까요? ★ ★ ★

◉ 주어진 그림들을 잘 살펴본 후, 일이 일어난 순서대로 번호를 적어 보세요.
그리고 난 후, 아래의 질문에 답해 보세요.

상황 1

(   )   (   )   (   )

1) 무슨 상황인가요?

2) 왜 그렇게 생각했나요?

3) 이다음에 일어날 상황을 자유롭게 이야기해 보세요.

상황 2

(   )   (   )   (   )

1) 무슨 상황인가요?

2) 왜 그렇게 생각했나요?

3) 이다음에 일어날 상황을 자유롭게 이야기해 보세요.

◉ 주어진 그림들을 잘 살펴본 후, 일이 일어난 순서대로 번호를 적어 보세요.
그리고 난 후, 아래의 질문에 답해 보세요.

상황 1

(   )　　　　　(   )　　　　　(   )

1) 무슨 상황인가요?

2) 왜 그렇게 생각했나요?

3) 이다음에 일어날 상황을 자유롭게 이야기해 보세요.

상황 2

(   )　　　　　(   )　　　　　(   )

1) 무슨 상황인가요?

2) 왜 그렇게 생각했나요?

3) 이다음에 일어날 상황을 자유롭게 이야기해 보세요.

11) 어떤 상황일까요? ★★★

주어진 그림들을 잘 살펴본 후, 일이 일어난 순서대로 번호를 적어 보세요. 그리고 난 후, 아래의 질문에 답해 보세요.

(　　　)

(　　　)

(　　　)

(　　　)

1) 무슨 상황인가요?

2) 왜 그렇게 생각했나요?

 12) 어떤 상황일까요? ★★★

● 주어진 그림들을 잘 살펴본 후, 일이 일어난 순서대로 번호를 적어 보세요.
그리고 난 후, 아래의 질문에 답해 보세요.

(   )

(   )

(   )

(   )

1) 무슨 상황인가요?

2) 왜 그렇게 생각했나요?

🌱 13) 어떤 상황일까요? ★★★

◉ 주어진 그림들을 잘 살펴본 후, 일이 일어난 순서대로 번호를 적어 보세요.
그리고 난 후, 아래의 질문에 답해 보세요.

(   )

(   )

(   )

(   )

1) 무슨 상황인가요?

2) 왜 그렇게 생각했나요?

14) 어떤 상황일까요? ★ ★ ★

◉ 주어진 그림들을 잘 살펴본 후, 일이 일어난 순서대로 번호를 적어 보세요.
그리고 난 후, 아래의 질문에 답해 보세요.

생일축하합니다!

(   )   (   )

(   )   (   )

1) 무슨 상황인가요?

2) 왜 그렇게 생각했나요?

◉ 주어진 그림들을 잘 살펴본 후, 일이 일어난 순서대로 번호를 적어 보세요.
그리고 난 후, 아래의 질문에 답해 보세요.

(   )

(   )

(   )

(   )

1) 무슨 상황인가요?

2) 왜 그렇게 생각했나요?

◉ 주어진 그림들을 잘 살펴본 후, 일이 일어난 순서대로 번호를 적어 보세요.
그리고 난 후, 아래의 질문에 답해 보세요.

1) 무슨 상황인가요?

2) 왜 그렇게 생각했나요?

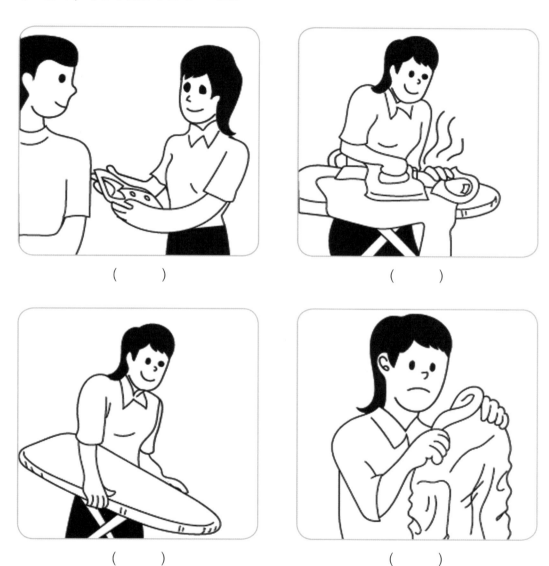

🌱 17) 어떤 상황일까요? ★★★

◉ 주어진 그림들을 잘 살펴본 후, 일이 일어난 순서대로 번호를 적어 보세요.
그리고 난 후, 아래의 질문에 답해 보세요.

(   )

(   )

(   )

(   )

1) 무슨 상황인가요?

2) 왜 그렇게 생각했나요?

18) 어떤 상황일까요? ★★★

◉ 주어진 그림들을 잘 살펴본 후, 일이 일어난 순서대로 번호를 적어 보세요.
그리고 난 후, 아래의 질문에 답해 보세요.

(   )

(   )

(   )

(   )

1) 무슨 상황인가요?

2) 왜 그렇게 생각했나요?

◉ 주어진 그림들을 잘 살펴본 후, 일이 일어난 순서대로 번호를 적어 보세요.
그리고 난 후, 아래의 질문에 답해 보세요.

(   )   (   )   (   )

(   )   (   )

1) 무슨 상황인가요?

2) 왜 그렇게 생각했나요?

◉ 주어진 그림들을 잘 살펴본 후, 일이 일어난 순서대로 번호를 적어 보세요.
그리고 난 후, 아래의 질문에 답해 보세요.

(   )

(   )

(   )

(   )

(   )

1) 무슨 상황인가요?

2) 왜 그렇게 생각했나요?

◉ 주어진 그림들을 잘 살펴본 후, 일이 일어난 순서대로 번호를 적어 보세요.
그리고 난 후, 아래의 질문에 답해 보세요.

(   )

(   )

(   )

5

(   )

(   )

1) 무슨 상황인가요?

2) 왜 그렇게 생각했나요?

🌱 22) 어떤 상황일까요?　★ ★ ★

◉　주어진 그림들을 잘 살펴본 후, 일이 일어난 순서대로 번호를 적어 보세요.
그리고 난 후, 아래의 질문에 답해 보세요.

(　　　)　　　　　　　(　　　)

(　　　)　　　　　　　(　　　)

(　　　)　　　　　　　(　　　)

1) 무슨 상황인가요?

2) 왜 그렇게 생각했나요?

◉ 주어진 그림들을 잘 살펴본 후, 일이 일어난 순서대로 번호를 적어 보세요.
그리고 난 후, 아래의 질문에 답해 보세요.

( ) ( )

( ) ( )

( ) ( )

1) 무슨 상황인가요?

2) 왜 그렇게 생각했나요?

24) 어떤 상황일까요? ★ ★ ★

⊙ 주어진 그림들을 잘 살펴본 후, 일이 일어난 순서대로 번호를 적어 보세요.
그리고 난 후, 아래의 질문에 답해 보세요.

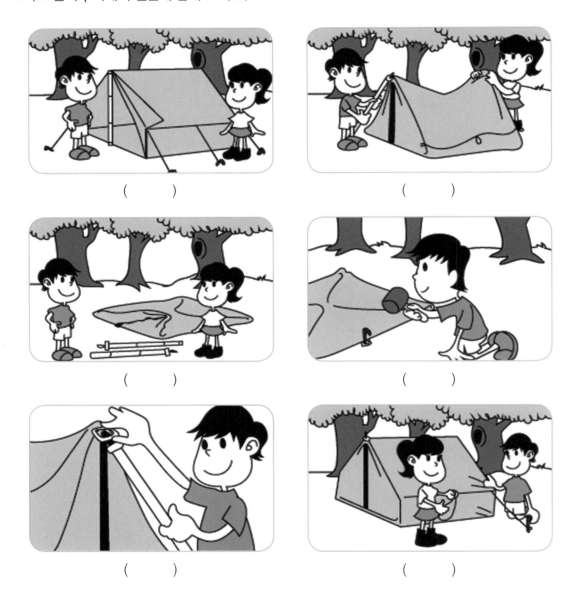

1) 무슨 상황인가요?

2) 왜 그렇게 생각했나요?

🌱 25) 어떤 상황일까요? ★ ★ ★

👁 주어진 그림들을 잘 살펴본 후, 일이 일어난 순서대로 번호를 적어 보세요.
그리고 난 후, 아래의 질문에 답해 보세요.

(   )   (   )   (   )

(   )   (   )   (   )

1) 무슨 상황인가요?

2) 왜 그렇게 생각했나요?

26) 어떤 상황일까요? ★ ★ ★

◉ 주어진 그림들을 잘 살펴본 후, 일이 일어난 순서대로 번호를 적어 보세요.
그리고 난 후, 아래의 질문에 답해 보세요.

( )   ( )   ( )

( )   ( )   ( )

1) 무슨 상황인가요?

2) 왜 그렇게 생각했나요?

◉ 주어진 그림들을 잘 살펴본 후, 일이 일어난 순서대로 번호를 적어 보세요.
그리고 난 후, 어떤 상황인지 말로 설명해 보세요.

(　　　)

(　　　)

(　　　)

(　　　)

(　　　)

(　　　)

(　　　)

(　　　)

5

1) 무슨 상황인가요?

2) 왜 그렇게 생각했나요?

지각발달 영역 워크북 답안

❶ 필수과제

가. 모양 및 색깔 지각하기

어떤 모양일까요?

길을 찾아 주세요

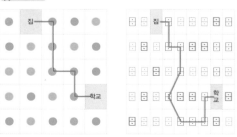

같은 글자를 찾아 주세요

같은 모양을 찾아 주세요

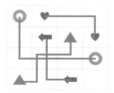 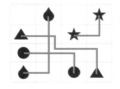

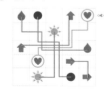 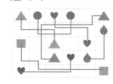

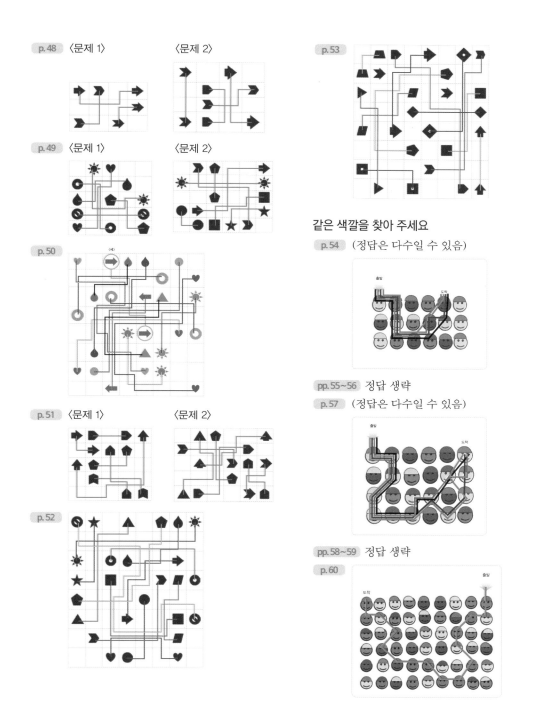

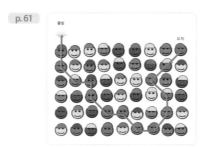
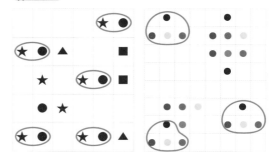
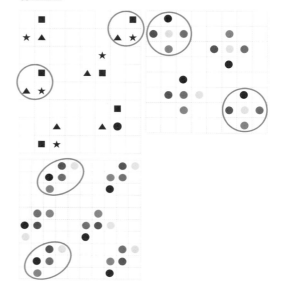

pp. 83~84

라. 좌표 이해하기

어디에 있을까요?

p. 85 1) 2, 4
2) 검정색 후드 점퍼
3) 빨간색 필통
4) 책(옛 이야기 들려주기)

p. 86 읽어야 산다

p. 87 1) 1층: 다슬, 민기 / 2층: 지수, 수경 / 3층: 수
안, 나 / 4층: 서희, 민지
2) 1: 없음 / 2: 수안, 지수 / 3: 다슬, 서희 / 4:
수경 / 5: 민지, 나, 민기
3) 아래, 2 / 왼쪽, 2
4) 왼쪽, 3

p. 88 1) 14명
2) 위쪽, 2 / 왼쪽, 2
3) 아래쪽, 1 / 왼쪽 2
4) 위쪽, 3 / 오른쪽 2

p. 89 셋째 줄 맨 왼쪽 운동화

p. 90 과자 코너, 과일 코너, 육류 코너, 유제품 코
너, 음료수 코너, 냉동식품 코너

p. 91

10	20	30
	비밀의 정원	

40	50	60
초등 필독서 모음집		
		이솝우화

p. 92 월: 우체국, 화: 문구점

p. 93

100	200	300	400
(예)심콩이와 떠나는 마을 여행			
			초등학생이 알아야 할 단핸소설 모음

100	200	300	400
		바다이야기	
	로마여행		

100	200	300	400
	쉽게 배우는 한국 역사		
		내 멋대로 할거야♥	

숨겨진 단어를 찾아 주세요

p. 94 피아노, 트라이앵글, 바이올린, 하프, 기타

p. 95 샌드위치, 포도, 아이스크림, 케이크, 냉장고,
파인애플, 치킨

p. 96 세탁기, 책상, 의자, 포크, 탁자, 자전거, 냉장
고, 컴퓨터, 가스레인지, 책장, 접시, 카메라

답안

마. 규칙 파악하기

규칙을 찾아요

pp. 97~107

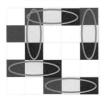

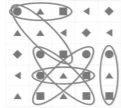

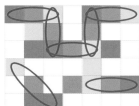

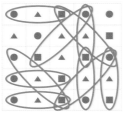

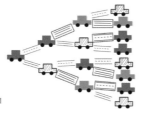

바. 도형의 회전 및 대칭

뒤집거나 돌리거나

pp. 108~109

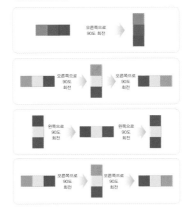

p. 110   ①, ④

p. 111   ④, ①

p. 112   ①, ①

p. 113   1) 고양이, 2) 오리, 3) 사슴
          1) 빵, 2) 치킨, 3) 떡

반쪽을 찾아 주세요

pp. 114~118   정답 생략

p. 119   육각형, 모서리가 둥근 사각형, 삼각형

p. 120

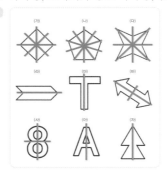

pp. 121~122   정답 생략

p. 123   2번째, 1번째, 2번째, 2번째, 1번째

p. 124   3번째, 3번째, 1번째, 3번째, 1번째

pp. 125~129   정답 생략

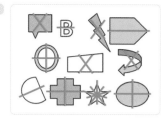

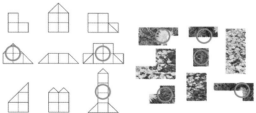

답
안

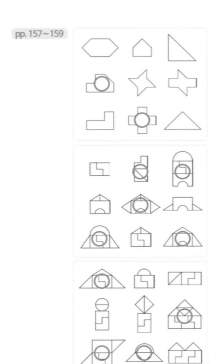

pp. 157~159

무엇일까요?

p. 160 우산, 카메라

p. 161 사슴, 코끼리

p. 162 1−3번째, 2−2번째, 3−4번째, 4−1번째

p. 163 3번째, 2번째, 1번째, 4번째

p. 164

p. 165 1−3번째, 2−1번째, 3−4번째, 4−5번째,
5−2번째

p. 166

p. 167 1−2번째, 2−1번째, 3−4번째, 4−3번째

필요한 것은 무엇일까요?

p. 168 1, 3번째
1, 3번째
3, 4번째

p. 169 1, 4번째
2, 4번째
2, 4번째

p. 170 1, 3, 5번째
1, 2, 3, 4번째
2, 3, 5번째
3, 4, 5번째

pp. 171~178

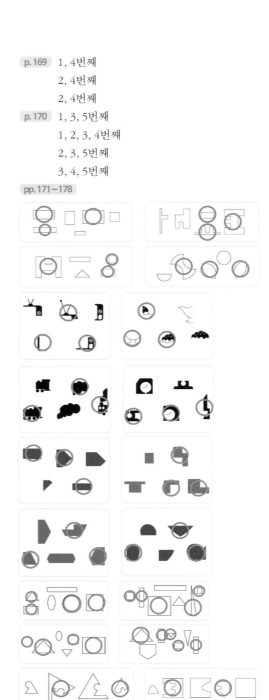

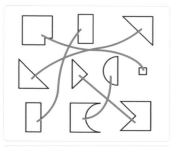

p.179 　3번째, 2번째, 1번째, 1번째

p.180 　3번째, 1번째, 4번째, 2번째

p.181

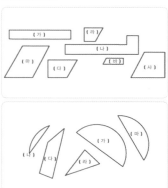

p.182 　(가) 2, 5, 12
　　　　(나) 1, 3, 10
　　　　(다) 4, 6, 11

p.183 　(가) 1, 6, 8
　　　　(나) 3, 7, 9
　　　　(다) 2, 11, 12

p.184 　(가) 1, 8, 9
　　　　(나) 3, 5, 11
　　　　(다) 2, 10, 12

조각을 찾아 주세요

pp.185~188

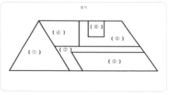

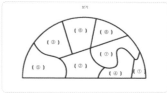

p.189 　1-3번째, 2-1번째, 3-2번째

pp.190~191

p.192 　2, 7 / 8, 11 / 1, 3, 9 / 4, 5, 6, 10

p.193

각도를 알아보아요

p.194 　1-2번째, 2-5번째, 3-1번째, 4-6번째,
　　　　5-4번째, 6-3번째

나. 배열하기

순서대로 완성해 주세요

다. 세부 특징 파악하기

꼼꼼히 살펴보아요

라. 도형의 회전 및 조망

똑같은 그림을 찾아 주세요

어디에서 보았을까요?

펼쳐 보아요

돌려 보아요

❸ 그림수수께끼

가. 유사점 및 차이점 찾기

같은 것을 찾아 주세요

p. 238 3번째, 3번째, 2번째, 1번째

p. 239 ① (개나리, 오리, 항아리–개구리: 모두 '리'로 끝나는 단어이기 때문)

④ (사자, 사슴, 사탕–사다리: 모두 '사'로 시작하는 단어이기 때문)

p. 240 ③ (비행기, 딸기, 소화기–세탁기: 모두 '기'로 끝나는 단어이기 때문)

② (고구마, 고추, 고양이–고무장갑: 모두 '고'로 시작하는 단어이기 때문)

p. 241 1번째, 2번째, 1번째, 2번째

p. 242 3번째, 3번째, 2번째, 3번째

관계있는 것을 찾아 주세요

p. 243 2번째(빛을 낸다는 공통점이 있음)

3번째(자전거를 탈 때 헬멧을 씀)

2번째(음료를 담을 수 있다는 공통점이 있음)

1번째(닭이 알을 낳음)

p. 244 기차–기찻길(기차가 기찻길로 다님)

새둥지–새(새가 새둥지에서 삶)

축구공–골대(둘 다 축구와 관련 있음)

아기–유모차(아기가 유모차에 탐)

팔레트–이젤(그림과 관련 있음)

p. 245 베개–침대, 수화기–전화기, 실타래–연, 선글라스–태양, 강아지–개집, 숟가락–포크

p. 246 연필–종이, 비–우산, 팔레트–붓, 사과–접시와 칼, 아기–유모차, 오리–알

p. 247 (다), 왼쪽 모습의 젊은 모습

(가), 왼쪽에 있는 동물의 새끼

p. 248 (다), 왼쪽 음식의 재료

(나), 왼쪽에 제시된 신체 부위가 아플 때 가는 병원

p. 249 (가), 왼쪽의 기관에서 일하는 직업

(라), 왼쪽 계절에 하는 운동 종목

p. 250 머리핀–목걸이–반지(액세서리)

생선구이–달걀프라이–냄비(요리와 관련 있음)

톱–종이 자르는 가위–머리 자르는 가위(무엇인가 자르는 도구)

p. 251 케이크 먹는 모습–아기가 우유 마시는 모습–개가 사료 먹는 모습(무엇인가 먹는 모습)

책상에 엎드려 자는 모습–해먹에 누워 자는 모습–잠자는 사자(자는 모습)

하마–세수하는 모습–머리 감는 모습(씻는 모습)

p. 252 냄비–국수(냄비에 국수를 삶음)

경찰–경찰차(경찰이 경찰차를 탐)

잠자리채–잠자리(잠자리채로 잠자리를 잡음)

배–노(배를 타서 노를 저음)

밥숟가락–밥솥(밥솥에 밥을 지음)

나. 유목화하기

같은 종류를 찾아 주세요

p. 253 (1) 컵케이크–팥빙수–밥(먹는 것)

(2) 상어–금붕어–문어(물에 사는 것)

p. 254 (1) 자동차–버스–자전거(땅에서 타는 교통수단)

(2) 튜브–수영복–선풍기(여름과 관련 있는 물건)

p. 255 (1) 냉장고–찬장–쇼핑카트(넣는 것, 보관과 관련 있음)

(2) 호피무늬 티셔츠–호랑이–얼룩소(무늬가 있음)

p. 256 (1) 텔레비전–신문–라디오(소식을 전해 주는 매체)

(2) 물병–어항–향수(무엇인가를 담는 용기)

p. 257 소화기–분무기–물총(뿌리는 도구)

p. 258 핀셋–가재집게–빨래집게(집는 것과 관련 있음)

p. 259 손뼉–번개–드럼('치다'라는 단어와 함께 쓰일 수 있음)

p. 260 그릇–냄비–접시(무엇인가를 담는 용기)

어디에 속할까요?

p. 261 공통점: 꽃 / 같은 종류: 진달래, 안개꽃, 무궁화, 민들레, 나팔꽃 등

공통점: 과일 / 같은 종류: 복숭아, 배, 멜론, 수박, 살구, 딸기 등

p. 262 공통점: 학용품 / 같은 종류: 풀, 공책, 스케치북, 종합장, 색연필 등

공통점: 동물 / 같은 종류: 사자, 호랑이, 낙타, 말, 곰, 고양이 등

p. 263 공통점: 관공서 / 같은 종류: 동사무소, 교육청, 법원 등

공통점: 과목 / 같은 종류: 체육, 영어, 미술, 사회, 도덕 등

공통점: 직업 / 같은 종류: 배우, 간호사, 작가, 버스기사 등

p. 264 공통점: 날씨 / 같은 종류: 눈, 우박, 태풍 등

공통점: 감각 / 같은 종류: 청각

공통점: 악기 / 같은 종류: 기타, 첼로, 장구, 북, 트라이앵글 등

p. 265 공통점: 차가운 음식 / 같은 종류: 얼음 등

공통점: 액세서리 / 같은 종류: 머리핀, 머리띠, 발찌 등

공통점: 하의 / 같은 종류: 롱스커트, 스타킹 등

p. 266 공통점: 현악기 / 같은 종류: 기타, 콘트라베이스 등

공통점: 국악기 / 같은 종류: 가야금, 거문고, 단소, 피리 등

공통점: 구기 종목 / 같은 종류: 골프, 테니스, 배드민턴, 배구 등

p. 267 공통점: 동계올림픽 종목 / 같은 종류: 스피드 스케이팅, 컬링, 아이스하키, 스노우보드 등

공통점: 관절이 있는 신체 부위 / 같은 종류: 손가락, 발가락, 발목 등

공통점: 얼굴의 부위 / 같은 종류: 광대, 볼, 이마 등

다. 추론하기

왜 그럴까요?

p. 268 1) 램프(빛을 내는 것), 2) 호박(과일이 아닌 것), 3) 체중계(시계가 아닌 것)

p. 269 1) 바나나(채소가 아닌 것), 2) 시력판, 눈(눈과 관련 있는 것), 3) 참새(조류)

p. 270 1) 토마토(꽃이 아닌 것), 2) 운동화(학용품이 아닌 것), 3) 의자와 책상(놀이기구가 아닌 것)

p. 271 1) 가지(형태가 긴 것), 2) 북극곰(추운 곳에 사는 동물), 3) 그릇(형태가 길지 않은 것)

p. 272 1) 전화기(쌍이 아닌 것), 2) 나침반(바늘이 있는 것), 3) 테이프, 자(적거나 그리는 도구가 아닌 것), 4) 지팡이(몸에 걸치는 것이 아닌 것)

p. 273 1) 지팡이(아이와 관련 없는 것), 2) 장갑(발과 관련 없는 것), 3) 독수리, 제비(조류), 4) 진달래(빨간색이 아닌 것)

p. 274 1) 타조(날 수 없는 것), 2) 시금치, 파(초록색 채소), 3) 촛불, 가로등(빛을 내는 것)

p. 275 1) 개나리(과일이 아닌 것), 2) 카메라(숫자가 없는 것), 3) 물(향이 없는 것)

p. 276 1) 의자(잡는 것과 관련 없는 것), 2) 고슴도치(가시가 있는 것), 3) 축구공(형태가 길지 않은 것)

p. 277 1) 휴지통(숫자가 없는 것), 2) 허리띠(얼굴 쪽에 착용하지 않는 것), 3) 제기차기(발과 관련 있는 것)

p. 278 1) 조끼(쌍이 아닌 것), 2) 휴대폰(손과 관련 있는 것), 3) 문(다리가 없는 것), 4) 축구공(발과 관련 있는 것)

p. 279 1) 옥수수(이름이 3글자인 것), 2) 물(이름이 2글자가 아닌 것), 3) 휴대폰, 이메일(기록할 때 기계를 사용함), 4) 철봉(이름이 4글자가 아닌 것)

p. 280 1) 태양(스스로 빛을 내는 것), 2) 다리미('장'자로 시작하지 않는 단어), 3) 박쥐(조류가 아닌 것)

p. 281 1) 달걀(촉감이 거칠지 않음), 2) 해바라기(이름이 3글자가 아닌 것), 3) 사과, 수박(형태가 둥근 것)

p. 282 1) 라이터('손'자로 시작하지 않는 단어), 2) MP3 플레이어(보다 vs. 듣다), 3) 코끼리, 뜀틀(오르내리는 것이 아닌 것)

p. 283 1) 코알라, 파인애플(이름이 2글자가 아닌 것), 2) 달력(시간과 관련 있는 것), 3) 빗, 나무(미끄럽지 않은 것), 4) 빨래집게(사용해도 닳지 않는 것)

p. 284 1) 판다('ㅍ'으로 시작하는 단어), 2) 고추(열매채소), 3) 우비(천의 재질)

p. 285 1) 딸기(껍질이 없는 것), 2) 해바라기(여름에 피는 꽃), 3) 종이(나무로 만드는 것)

❹ 가로세로퍼즐

가. 좌표 찾기

위치를 찾아 주세요

p. 287

p. 288 ※: 왼쪽 아래, #: 오른쪽 위 / 빨간색: 가운데 위, 파란색: 왼쪽 아래

♥: 왼쪽 가운데, ♣: 오른쪽 위 / 보라색: 나3, 초록색: 다2, 주황색 가2

p. 289 1) ⑦, 2) ⑧, 3) ①, 4) ⑬, 5) ⑥, 6) ⑦: (예) 곰인형 옆에 있는 공, ⑪: (예) 손거울 위에 있는 전화기, ⑫: (예) 공 아래 있는 책

p. 290 1) ②, 2) ⑪, 3) ⑤, 4) ⑦, 5) ⑤, 6) ⑫, 7) ①: (예) 초록색 삼각형 옆에 있는 원, ③: (예) 빨간색 원 옆에 있는 사각형, ⑭: (예) 주황색 삼각형 아래에 있는 삼각형

가로와 세로를 합치면?

p. 291 숫자9

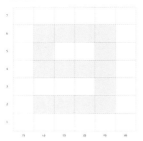

p. 292 ♥: 마7, ⬇: 가6, ⬅: 바4, 🌙: 마1, ☀: 라5

p. 293 (좌측 상단부터 옆으로) ③⑤①④⑥②

(좌측 상단부터 옆으로) ○○, △△, □□, ○○○, △△△, □□□, ○○○○, △△△△, □□□□

p. 294 수민-손거울, 연필

지희-우산, 손거울

상은-컵, 연필

혜원-컵, 우산

민철-시계, 연필

윤정-우산, 시계

p. 295 민정-바나나, 수박

현승-파인애플, 바나나

예은-딸기, 수박

진호-파인애플, 딸기

철민-수박, 사과

재훈- 파인애플, 사과

p. 296 승한-진달래, 코스모스

성민-장미, 코스모스

미애-개나리, 진달래

지현-개나리, 장미

성은-진달래, 해바라기

동준-해바라기, 장미

p. 297 (좌측 상단부터 옆으로) 민정, 윤정, 혜정, 민지, 윤지, 혜지

(좌측 상단부터 옆으로) 이민경, 신민경, 남궁민경, 이주리, 신주리, 남궁주리, 이수호, 신수호, 남궁수호, 이대영, 신대영, 남궁대영

p. 298 (가) ①, (나) ⑤, (다) ②, (라) ⑥, (마) ④, (바) ③

p. 299 하트모양

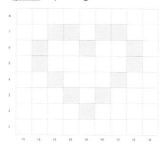

p. 300 바1, 사1

p. 301 바5, 사6

p. 302 1) 대한민국, 2) 독도는 우리 땅, 3) 우리의 소원은 통일

p. 303 엄마 아빠 사랑해요(혹은, 사랑해요 엄마 아빠), 친구들과 사이좋게(혹은 사이좋게 친구들과)

p. 304 ☆: 아8, ◒: 마5, ▲: 아4, ★: 나3, ◐: 바2, ◆: 가7, ♥: 다1, ◼: 라5, ⬤: 마7

p. 305 서희: 당근, 딸기

준호: 당근, 포도

대현: 감자, 바나나

수현: 감자, 딸기

민규: 감자, 포도

화: 방과 후 수업, 피아노 학원

수: 심부름, 피아노 학원

목: 태권도 학원, 방 청소

금: 방과 후 수업, 태권도 학원

토: 심부름, 태권도 학원

p. 306 ② 시계, 책상 ③ 의자, 책 ④ 시계, 책

① 소, 개 ② 소, 말, 개 ③ 소, 말, 염소, 개

④ 소, 개, 닭 ⑤ 소, 말, 개, 닭 ⑥ 소, 말, 염소, 개, 닭

p. 307 ♡◇♮, ◎▷☾, ♡◇☾

□♩○, □×♩○, □×△♩○, □▭◇, □×▭◇, □×△▭◇

p. 308 1) 산책, 2) 청소, 3) 자전거 타기, 4) 월요일, 5) 나, 6) 토요일에 산책

p. 309 1) 오전: 맑음, 오후: 흐림

2) 2일, 23일. 오전과 오후 모두 날씨가 맑기 때문에

3) 13, 14, 15, 16일

나. 좌표를 통한 추론하기

무엇이 들어가야 할까요?

p. 310 복숭아 2개, 감자 2개

p. 311 농구공 2개, 컵 3개

p. 312 삼각형 4개, 오각형 1개

p. 313 원 6개, 오각형 2개

p.314   가로: ㅌ   세로: ㅜ

         가로: ㅁ, ㅊ   세로: ㅣ

p.315   가로:  세로: ●

         가로: ● ♥ ■   세로: ⬆ ▲ ♥

p.316   1) 모양은 같고 크기가 다르다(큼 vs. 작음)

         2) 큰 달, 작은 달

         3) 별과 달

         4) (나)

p.317   1) 모양은 같고 색깔이 다르다(빨간색 vs. 노란색)

         2) 빨간색 원과 노란색 원의 관계는 빨간색 사각형과 노란색 사각형의 관계와 같다.

         3) 원과 사각형

         4) (다)

p.318   1) (다)

         2) 모양은 같고 크기가 다르다(작음 vs. 큼)

         3) 작은 자전거와 큰 자전거의 관계는 작은 자동차와 큰 자동차의 관계와 같다.

         4) 자전거와 자동차

p.319   1) (라)

         2) 모양은 같고 크기다 다르다(작음 vs. 큼)

         3) 작은 연필과 큰 연필의 관계는 작은 지우개와 큰 지우개의 관계와 같다.

         4) 연필과 지우개

p.320   토마토 1개, 포도 4개

p.321   오각형 4개, (윗 모서리가 둥근) 사각형 2개

p.322   가로: 7   세로: 0

         가로: 1, 8   세로: 6, 8

p.323   가로: 주   세로: 리

         가로: 그, 산   세로: 물, 중

p.324   (좌측 상단부터 옆으로) (마), (가), (라), (사)

p.325   (좌측 상단부터 옆으로)

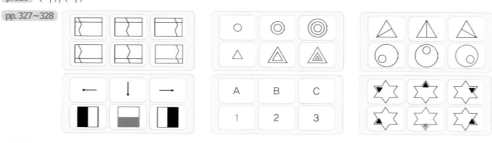

p.326   (다), (나)

pp.327~328

p.329   왜, ☆

424 지각발달 영역 워크북 답안

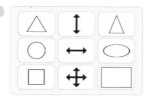 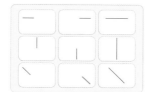
❺ 순서맞추기

가. 세부 특징에 주의 기울이기

빠진 부분을 찾아 주세요

 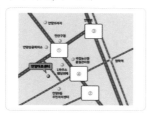

pp. 347~350

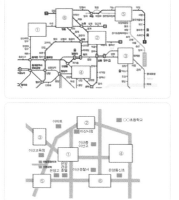

p. 351 우측 상단, 우측 상단
p. 352 우측 상단, 우측 하단

어색한 부분을 찾아 주세요

p. 353 앞치마 끈 한쪽이 없음, 양복 소매 한쪽이 없음
젖병 꼭지가 없음, 얼굴 한쪽에 주름이 없음

p. 354 아기가 지팡이를 짚고 있음, 다른 종류의 꽃이 섞여 있음
시곗바늘이 없음, 사자 꼬리가 아님

p. 355 소방관이 청진기를 들고 있음
선생님이 호미를 들고 있음
어부가 잠자리채를 들고 있음

p. 356 나무에 감자가 다른 열매와 함께 열려 있음
학교에 잠옷을 입고 감
청진기에 주걱이 달려 있음

p. 357 여자아이 칫솔에 모가 없음, 여자아이 컵에 손잡이가 없음, 여자아이 눈썹 한쪽이 없음
아빠 한쪽 발에 신발을 안 신고 있음, 자동차 바퀴 하나가 자전거 바퀴임, 아빠 소매 한쪽이 반팔임

p. 358 실내에서 털모자를 쓰고 있음, 남자아이가 색연필을 거꾸로 들고 있음, 책상 위 수저와 그릇
합창 중에 이어폰을 낀 아이, 슬픈 표정을 짓고 있는 아이, 합창 중에 핸드폰을 하는 아이

p. 359 밤에 청소기를 돌리는 모습, 실내에서 구두를 신었음, 청소기 코드가 꽂혀 있지 않음
엄마 양쪽 옷깃 모양이 다름, 엄마 양말이 짝짝이임, 아빠 옷의 단추가 하나 없음, 여자아이 머리끈 한쪽이 없음, 의자 왼쪽 다리가 하나 없음

p. 360 썰매 타는 아이 밀짚모자, 썰매 대신 튜브 타는 아이, 겨울에 피어 있는 꽃, 한쪽에 롤러스케이트를 신은 아이, 수영복을 입은 아이, 나뭇잎이 한쪽만 있는 나무, 잠옷을 입고 나온 아이, 눈싸움이 아닌 야구공을 던지는 아이들

426 지각발달 영역 워크북 답안

달라진 부분을 찾아 주세요

pp. 361~365

나. 불완전한 부분 완성하기

부족한 부분을 찾아 완성하세요

p. 366 의사, 치마, 양말, 당근, 사탕, 안경, 아파트, 손전등, 개구리

p. 367 사다리, 원숭이, 세탁기, 소화기, 선풍기, 호랑이, 컴퓨터, 나침반, 운동화

p. 368 케이크, 자동차, 장독대, 체중계, 헬리콥터, 고슴도치, 배드민턴, 엘리베이터, 축구공

p. 369 학교, 동화책, 지하철, 부엌, 놀이터, 주전자, 장미, 계단, 손전등, 바나나

p. 370 코스모스, 손목시계, 졸업식, 유유상종, 월드컵, 열쇠고리, 사물놀이, 크리스마스, 환경호르몬, 정월대보름

pp. 371~375 정답 생략

p. 376 7월 7일

오늘의 날씨: 맑음

〈제목〉 놀이공원

오늘 가족들이랑 함께 놀이공원에 갔다. 재미있는 놀이기구도 타고 맛있는 것도 많이 먹었다. 정말 즐거웠다. 형도 즐거워 보였다. 다음에 또 왔으면 좋겠다.

p. 377 5월 6일 금요일

오늘의 날씨: 흐림

어젯밤 일찍 잤다. 아침에 정말 기분 좋게 학교에 갔다. 그런데 생각해 보니 오늘까지 숙제가 있었는데 어제 친구랑 노느라 깜빡하고 못해서 벌을 받았다. 다음에는 숙제를 잘해 와야겠다.

pp. 378~380 정답 생략

다. 순서에 맞게 배열하기

어떤 상황일까요?

p. 381 7−6−5−4−3−2−1−8

p. 382 3−1−5−7−6−4−2

p.383 2-1-3

(예시) 누가: 어떤 아가씨가

　　　언제: 식사 시간에

　　　어디서: 식당에서

　　　무엇을: 스파게티를

　　　어떻게: 주문해서 먹었다

　　　왜: 배가 고파서

p.384 1-3-2

(예시) 1. 아저씨가 택시를 잡아서 탔다.

　　　2. 손을 든 모습이 택시를 잡으려고 하는 모습인 것 같고, 택시 문을 열고 타고 있는 그림도 있다.

　　　3. 택시를 타고 약속 장소에 갔다.

3-2-1

(예시) 1. 연필깎이로 연필을 깎았다.

　　　2. 연필심이 부러진 그림과 연필심이 뾰족한 그림이 있다.

　　　3. 잘 깎은 연필을 가지고 숙제를 다 마쳤다.

p.385 2-3-1

(예시) 1. 어떤 남자아이가 식탁 옆을 지나가다가 컵을 깼다.

　　　2. 남자아이가 컵을 건드리는 그림, 컵이 바닥에 떨어져 깨져 있는 그림이 있다.

　　　3. 엄마가 오셔서 남자아이가 다치지 않았는지 확인하시고 바닥에 깨진 컵 조각을 치워 주셨다.

2-1-3

(예시) 1. 자전거 바퀴에 바람을 넣어서 신나게 탔다.

　　　2. 자전거 바퀴 하나가 바람이 빠진 모양이었는데 동그란 모양이 되었다.

　　　3. 여자아이가 공원에서 신나게 자전거를 타다가 집에 늦게 들어가서 엄마께 혼이 났다.

p.386 3-2-1

(예시) 1. 종이를 접어서 종이배를 만들었다.

　　　2. 펼쳐져 있는 색종이가 있는 그림과 완성된 종이배가 놓여 있는 그림이 있다.

　　　3. 종이배를 동생에게 갖고 놀라고 주니 동생이 좋아했다.

3-1-2

(예시) 1. 아침에 일어나서 침대를 정리했다.

　　　2. 시계를 보니 아침 7시에 일어난 모습인 것 같고, 어질러져 있던 베개와 이불이 정리된 그림이 있다.

　　　3. 아침을 먹은 후, 학교에 갈 준비를 하고 등교하였다.

p.387 2-1-3

(예시) 1. 신호에 따라 횡단보도를 건넜다.

　　　2. 신호등에 들어온 불이 바뀌고 있고 여자아이가 횡단보도를 건너 반대편으로 건너갔다.

　　　3. 여자아이가 건너편에 있던 엄마를 만나 함께 마트에 장을 보러 갔다.

3-2-1

(예시) 1. 집에 온 우편물을 받았다.

　　　2. 문 앞에서 누군가가 상자를 전해 주고 있고, 상자를 열어 보는 그림이 있다.

　　　3. 우편물을 확인해 보니 친구가 보내 준 선물이어서 친구에게 고맙다고 전화를 걸었다.

p.388 1-2-3

(예시) 1. 비가 오다가 날씨가 맑게 개었다.

　　　　2. 먹구름과 비가 오는 그림과 비가 서서히 그쳐서 해가 뜬 그림이 있다.

　　　　3. 날씨가 맑아져서 빨래를 널자, 빨래가 아주 잘 말랐다.

2-3-1

(예시) 1. 등산을 해서 산꼭대기에 올라 기분이 좋았다.

　　　　2. 산 아래에 있는 그림, 산 위에서 활짝 웃는 그림이 보인다.

　　　　3. 산 위에서 '야호' 하고 외치고 메아리가 울리는 소리도 들었다.

p. 389 2-3-1

(예시) 1. 가위로 꽃을 오렸다.

　　　　2. 꽃이 그려진 종이와 가위, 꽃모양 종이가 보인다.

　　　　3. 꽃을 몇 개 더 오려서 방 벽에 붙여 꾸며 놓았다.

2-3-1

(예시) 1. 비가 오다가 날씨가 갰다.

　　　　2. 우산을 접고 가는 그림에서 발 밑에 물웅덩이가 보인다.

　　　　3. 자전거가 옆으로 지나가는 바람에 나에게 물이 튀었다.

p. 390 1-3-2

(예시) 1. 성냥을 가지고 놀다가 불이 붙어서 끄고 있다.

　　　　2. 책상에 불이 붙었고, 옆에 있던 이불로 불을 끄려고 하고 있다.

　　　　3. 다행히 불이 크게 번지지는 않았지만, 엄마께 많이 혼났다.

3-2-1

(예시) 1. 어버이날이라 엄마께 카네이션을 드렸다.

　　　　2. 남자아이가 들고 간 꽃을 엄마가 가슴에 달고 계시는 그림이 보인다.

　　　　3. 아빠가 퇴근하시고 집에 오셔서 아빠께도 카네이션을 달아 드렸다.

p. 391 (좌측 상단부터 옆으로) 3-4-1-2

(예시) 1. 겨울에 스키를 타러 갔다.

　　　　2. 모자와 목도리를 하고 있고, 리프트를 타고 올라갔다가 스키를 타고 내려온 그림이 보인다.

p. 392 (좌측 상단부터 옆으로) 3-1-2-4

(예시) 1. 바닷가나 수영장으로 놀러 가려고 준비 중이다.

　　　　2. 커다란 가방에 짐을 싸고 있는데 튜브와 수영복을 넣는 그림이 보인다.

p. 393 (좌측 상단부터 옆으로) 4-1-3-2

(예시) 1. 여자아이가 배고파서 붕어빵을 사 먹었다.

　　　　2. 여자아이가 배를 움켜쥐고 있는 모습, 돈을 내는 모습, 붕어빵을 먹는 모습이 보인다.

p. 394 (좌측 상단부터 옆으로) 2-1-4-3

(예시) 1. 생일 파티를 하는 모습이다.

　　　　2. '생일 축하합니다'라는 글씨가 걸려 있고, 고깔모자를 쓴 아이, 케이크가 보인다.

p. 395 (좌측 상단부터 옆으로) 3-2-1-4

(예시) 1. 옷소매의 단추가 떨어져서 달고 있다.

　　　　2. 떨어진 단추, 실, 바늘이 보인다.

p. 396 (좌측 상단부터 옆으로) 2-1-4-3

(예시) 1. 전구가 닳아서 새 전구로 갈아 끼우고 있다.

2. 어두운 전구를 빼고 새 전구를 끼우려고 사람이 의자 위에 올라간 것 같고, 밝게 켜진 전구가 보인다.

p. 397 (좌측 상단부터 옆으로) 4-3-2-1

(예시) 1. 여자가 남자의 구겨진 옷을 다려 주었다.

2. 구겨진 옷과 다리미가 보이고, 다 다려진 옷을 잘 개서 여자가 남자에게 주고 있다.

p. 398 (좌측 상단부터 옆으로) 2-4-3-1

(예시) 1. 나비의 성장 과정

2. 나비는 알 - 애벌레 - 번데기 - 나비의 순서로 자란다.

p. 399 (좌측 상단부터 옆으로) 3-5-4-2-1

(예시) 1. 여자가 머리 스타일을 바꾸고 있다.

2. 긴 머리카락을 자르고 파마를 한 모습을 나타내었다.

p. 400 (좌측 상단부터 옆으로) 2-3-1-4-5

(예시) 1. 도서관에서 책을 대출하고 다시 반납하는 상황이다.

2. 도서관으로 들어가는 모습, 책을 가지고 나오는 모습, 다시 돌려주는 모습이 나타나 있다.

p. 401 (좌측 상단부터 옆으로) 2-4-5-3-1

(예시) 1. 장을 봐서 요리를 해 식사를 하는 상황이다.

2. 마트에서 장을 보는 모습, 요리하고 식탁에 차리는 과정, 설거지가 쌓인 모습이 나타나 있다.

p. 402 (좌측 상단부터 옆으로) 6-5-4-1-2-3

(예시) 1. 완두콩을 심어서 자라는 과정이다.

2. 삽, 화분, 흙을 이용해 콩을 심고 물을 주어 나무가 자라고 완두콩을 딴 과정을 나타내었다.

p. 403 (좌측 상단부터 옆으로) 3-4-6-2-1-5

(예시) 1. 세뱃돈을 은행에 저금하는 모습이다.

2. 남자아이가 어른께 세배하는 모습이 보이고 은행에 돈을 저금한 후 통장을 확인하고 있다.

p. 404 (좌측 상단부터 옆으로) 6-4-1-2-3-5

(예시) 1. 캠핑에 가서 텐트를 치고 있는 모습이다.

2. 텐트를 칠 도구들, 텐트를 함께 만들고 있는 모습, 텐트가 완성된 모습이 보인다.

p. 405 (좌측 상단부터 옆으로) 1-6-4-2-5-3

(예시) 1. 아기가 성장해서 어른이 되어 나이가 들어가는 과정이다.

2. 아기, 어린이, 학생의 모습, 어른이 되고 할머니가 된 모습이 모두 나타나 있다.

p. 406 (좌측 상단부터 옆으로) 4-1-2-6-5-3

(예시) 1. 화분에 씨앗을 심어서 꽃이 피고 자라는 과정이다.

2. 화분에 흙을 담고 씨앗을 심어 싹이 자라 꽃이 피는 모습이 나타나 있다.

p. 407 (좌측 상단부터 옆으로) 8-6-2-4-5-1-3-7

(예시) 1. 남자아이가 축구를 하다가 다쳐서 병원에 가서 깁스를 했다.

2. 남자아이가 축구를 하다가 넘어진 모습, 업혀서 병원에 들어가서 엑스레이를 찍는 등 진료를 받고 깁스를 하고 목발을 짚은 채 병원에서 나오고 있다.

노경란(Row, Kyung Ran)
미국 Eastern Michigan University 심리학 석사(임상심리 전공)
이화여자대학교 대학원 심리학 박사(발달 및 발달임상 전공)
정신보건임상심리사(1급), 임상심리전문가, 발달심리전문가
이화여자대학교 심리학과 겸임교수
현 아이코리아 송파아이존 센터장

박현정(Park, Hyun Jeong)
이화여자대학교 대학원 심리학 석사 및 박사(발달 및 발달임상 전공)
인지학습치료전문가, 정신보건임상심리사
현 이안아동발달연구소 소장
　이화여자대학교 교육대학원 겸임교수
　가천대학교 심리인지치료학과 겸임교수

안지현(An, Ji Hyun)
이화여자대학교 대학원 심리학 석사(발달 및 발달임상 전공)
정신보건임상심리사, 인지학습치료사
전 미국 텍사스 San Marcos Baptist Academy 근무

전영미(Jun, Young Mi)
연세대학교 대학원 심리학 석사(발달심리 전공)
인지학습심리상담사
현 파주통합지원발달센터, 성실심리발달센터 및 한강발달심리상담센터 인지학습치료사

인지기능 향상 워크북

지각발달 영역

A Workbook for Improving Perceptual Development

2018년 1월 15일 1판 1쇄 발행
2024년 9월 25일 1판 8쇄 발행

지은이 • 노경란 · 박현정 · 안지현 · 전영미
펴낸이 • 김진환
펴낸곳 • ㈜ **학지사**

　　　　04031 서울특별시 마포구 양화로 15길 20 마인드월드빌딩 5층
대표전화 • 02) 330-5114　　팩스 • 02) 324-2345
등록번호 • 제313-2006-000265호

홈페이지 • http://www.hakjisa.co.kr
인스타그램 • https://www.instagram.com/hakjisabook

ISBN 978-89-997-1433-7 94180
　　　978-89-997-1430-6 (set)

정가 **22,000원**

출판미디어기업 **학지사**

간호보건의학출판 **학지사메디컬** www.hakjisamd.co.kr
심리검사연구소 **인싸이트** www.inpsyt.co.kr
학술논문서비스 **뉴논문** www.newnonmun.com
원격교육연수원 **카운피아** www.counpia.com
대학교재전자책플랫폼 **캠퍼스북** www.campusbook.co.kr